超初級から
話せる

中国語
声出し
レッスン

[メソッド考案] キム・スノク

原田 夏季 著

JN087388

　「中国語を話せるようになるには、どうすればいいですか?」学習者の方から、こんな質問を受けることがあります。私の答えは決まって「音で中国語を覚えましょう!」です。

　日頃漢字に接している人にとって、中国語の読解は決して難しくありません。ところが、中国語で話すとなると、とたんに漢字が邪魔をしてきます。中国語を聞くとまず漢字が頭に浮かび、それからようやく意味につながる……、そんな方も多いのではないでしょうか。しかし、話すときに漢字を介してしまうと、反応が一瞬遅れてしまうのです。

　まずは何度も声に出して、中国語の音を意味に直接リンクさせることが、中国語で話すことにつながります。
　息子の言葉の発達を観察していると、このことがよく分かります。
　電車を指差し、嬉しそうに大きな声で「でんしゃ!　でんしゃ!」と言ったり、これでもかと顔を歪めて「やだ!」と言ったり。
　口の動き、音、意味と感情を連動させた練習を、何度も行っているのです。

　「ピンインを一通り勉強したけど、まだ不安がある」という初学者の方もいらっしゃると思います。ピンインを自力で読むのではなく、「この音はこういう意味なのか!」「音をピンインで書くとこうなるんだな」というように、「音で中国語を覚える」をテーマにして、本書にぜひチャレンジしてみてください。中盤に差し掛かるころには、ピンインとちょっぴり仲良くなれているはずですよ。

　本書では、声を出す練習を通して、毎日3文ずつのフレーズに触れていきます。どんな状況で使うか、どんな気持ちで言うかなど、想像して楽しんで学んでいただけると嬉しいです。

2021年11月　　原田夏季

contents

contents

本書の使い方

本書は、『超初級から話せる　韓国語声出しレッスン』の著者、キム・スノク先生考案の「声出しメソッド」で学ぶ中国語学習書です。

本書は、1週間（7日）単位で構成されています。

1〜5日目は、【今日の3文】を、Step1「インプット」→Step2「インテイク」→Step3「アウトプット」の3ステップで学び、仕上げに【私の3文】を作成します。

6日目・7日目は、1〜5日目で学んだ15文を復習します。6日目は「日本語を見ながら中国語で言う」、7日目は「日本語を聞いてすぐ中国語で言う」パターンです。

今日の3文
1日で学ぶ中国語フレーズ（ピンインあり）です。日本語訳も参照してください。

Step1 インプット
【今日の3文】を、聞いて意味を理解できるようにします。

こんな表現も使ってみよう
【今日の3文】の一部を入れ替えて活用できる表現や、関連する表現をピックアップしています。【私の3文】を作成する際に、参考にしてください。

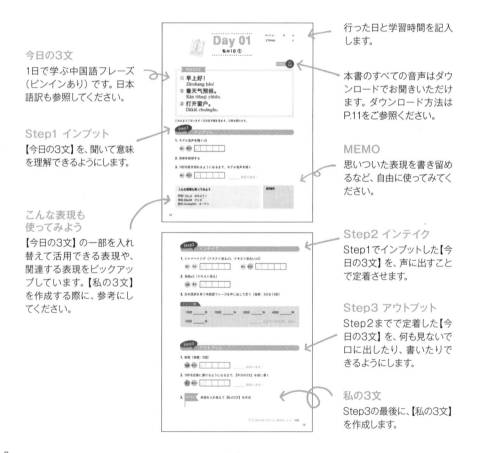

行った日と学習時間を記入します。

本書のすべての音声はダウンロードでお聞きいただけます。ダウンロード方法はP.11をご参照ください。

MEMO
思いついた表現を書き留めるなど、自由に使ってみてください。

Step2 インテイク
Step1でインプットした【今日の3文】を、声に出すことで定着させます。

Step3 アウトプット
Step2までで定着した【今日の3文】を、何も見ないで口に出したり、書いたりできるようにします。

私の3文
Step3の最後に、【私の3文】を作成します。

ここでは、Day01（P.18～19）を例に、1日分の学習内容を詳しく紹介します。
以下を見ながら実際にやってみると、より理解が深まります。
まずはチャレンジしてみてください。

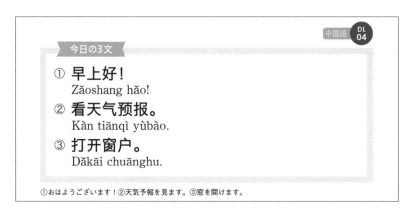

中国語 DL 04

今日の3文

① 早上好！
Zǎoshang hǎo!

② 看天气预报。
Kàn tiānqì yùbào.

③ 打开窗户。
Dǎkāi chuānghu.

①おはようございます！②天気予報を見ます。③窓を開けます。

Step1　インプット

Day01の【今日の3文】について、次の3つのインプットを行います。

1. モデル音声を聞く×5

モデル音声を5回聞きます。その際、テキストは見ません。
中国語の音声だけに集中しましょう。

2. 意味を確認する

日本語訳を見て、意味を確認します。中国語の音と意味をつなげましょう。

3. 100％聞き取れるようになるまで、モデル音声を聞く

モデル音声を聞いて、音声と意味がつながった形で聞き取れるようになるまで、繰り
返し聞きます。
このときも、テキストは見ません。5回目までに達成するのを目標に聞きましょう。

Step2 インテイク

Step1の後に、次の3つのインテイクを行います。

1. シャドーイング(テキスト見る×5、テキスト見ない×5)

シャドーイングとは、聞こえてくるモデル音声のすぐ後に、かぶせていくように、口に出して言っていく方法です。モデル音声の発音や抑揚をまねる意識を持つことがポイントです。

モデル音声を流しながら、テキストを見ながら5回、続けてテキストを見ないで5回行います。

2. 音読×5(テキスト見る)

テキストを見ながら、音読を5回行います。モデル音声は使いません。

1. のシャドーイングのときに体にしみこませた、モデル音声の発音や抑揚を思い出しながら、声に出して言ってみましょう。

3. 日本語訳を見て中国語フレーズを声に出して言う(目標:3文を12秒)

【今日の3文】の中国語フレーズを隠します。次に、日本語訳を見て、中国語フレーズを言ってみます。目標は3文を12秒で言うこと! ストップウォッチで計ってチャレンジしてみましょう。5回目までに達成するのが目標です。

P.12~16では、「中国語の基礎」をテーマに、本書で学習する前に押さえておきたい「声調」「変調」「3つの基本文」についてまとめています。

ダウンロード音声も聞いて、声を出して確認してみましょう。

Step3 アウトプット

Step2の後に、次の3つのアウトプットを行います。

1. 暗唱（目標：5回）

【今日の3文】を暗唱します。スラスラと言えるようになるまで、何度も声に出して言ってみましょう。5回目までに達成するのが目標です。

2. 100%正確に書けるようになるまで、【今日の3文】を紙に書く

今まで聞いて、口に出して言ってきた【今日の3文】を、今度は書いてみます。中国語の音と文字をつなげましょう。5回目までに達成するのが目標です。

3. 単語を入れ替えて【私の3文】を作成

【今日の3文】を参考に、【私の3文】を書きます。「こんな表現を使ってみよう」を参考に、単語を入れ替えて完成させてもOK。もちろん、自分で3文すべてを作文するのもいいですね。「自分らしい3文」を手に入れましょう。

ダウンロード音声について

本書のすべての音声はダウンロードでお聞きいただけます。下記の「アルク　ダウンロードセンター」にアクセスすると、音声をダウンロードできます。

https://www.alc.co.jp/dl/

- ●ダウンロードセンターで本書を探す場合は、商品コード（7021036）をご利用いただくと便利です。
- ●スマートフォンで利用できる「booco」で聞くのもおすすめです。詳しくは下記をご参照ください。
  https://www.booco.jp/

中国語の基礎

「中国語声出しレッスン」に取り組む前に、
知っておくと役に立つ中国語の基礎をご紹介します。
「声調」、「変調」、「3つの基本文」の3つを、しっかり押さえておきましょう。

文・イラスト：原田夏季

1. 声調

中国語 DL01

声調（せいちょう）は、発音の高低アクセントのことです。
たとえば、日本語の「箸（はし）」と「橋（はし）」はアクセントが違うことで、聞いたときに意味の違いが分かります。
中国語には4つの「声調（せいちょう）」と、「軽声（けいせい）」があります。
自転車に乗るのと同じで、一度身につけてしまえば忘れません。
ここでは「ma」という音で説明していきます。音声を聞いて、後について発音してみてください。

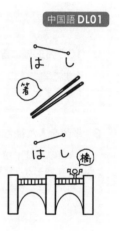

1-1 声調

声調	表記	発音するときのイメージ	発音ポイント
第1声	mā		一定の高さで、なるべく長めに発音します。 コーラス隊の発声練習のイメージで。
第2声	má		斜めにせず、直角に急上昇！後ろの音（この場合はa）が大きくなります。 **不良が因縁をつけてくるときの「ああ↗!?」のイメージで。**

12

第3声	mǎ	—————— —————— —————— —————— ——————/	ただひたすら低く。「う～ん」と考え込むようなイメージで。第3声は後ろに音が続かない場合（単独あるいは文末）、点線部分のように少し上昇します。 ※ダウンロード音声で音の聞き比べができます。 う～ん…
第4声	mà	—————— ——————\ ——————\ ——————	強く、断定的に。力いっぱい憎いヤツをヤーッ！と成敗するイメージで。 ヤーッ!!

1-2　軽声

声調	表記	発音するときのイメージ	発音ポイント
軽声	ma	—————— —————— · —————— ——————	1声、2声、3声、4声の後ろに、おまけのように短くつくイメージです。 3声の後ろについたときにだけ、軽声の音が上がります。3声が低いので、音が上がって聞こえるためです。下の図を参照してください。

māma

1声＋軽声

máma

2声＋軽声

mǎma

3声＋軽声

màma

4声＋軽声

2. 変調

声調が変化することを「変調」といいます。変調の中でも、「3声＋3声の変調」「不 bù の変調」の2つはよく起こります。ルールとして覚えるのもいいですが、音で中国語を覚えて、「あれ？　この声調は……」と疑問が湧いてきたときに思い出せるといいですね。

2-1 3声+3声の変調

もっとも頻度が高い変調。3声が連続したとき、前の3声が2声に変わります。低い音である3声を続けて発音すると苦しいので、変調します。ピンイン（読み方の表記）は「3声＋3声」のままで書かれていますが、実際の音は「2声＋3声」に変わることに注意してください。

ポピュラーな単語では「你好 nǐhǎo こんにちは」がこの変調にあたりますので、他の3声＋3声の変調も同じアクセントで読むようにしましょう。また、「我wǒ 私」「你nǐ あなた」は文頭に来ることが多いので、この変調が起きやすい単語といえます。

例	ピンイン	実際の音
你好 こんにちは	nǐhǎo <small>3声＋3声</small>	níhǎo <small>2声＋3声</small>
我想 ～したい	wǒ xiǎng <small>3声＋3声</small>	wó xiǎng <small>2声＋3声</small>
你买 あなたが買う	nǐ mǎi <small>3声＋3声</small>	ní mǎi <small>2声＋3声</small>

2-2 不bù の変調

「不 bù の変調」もよく見られます。次に来る音が4声のとき、注意が必要です。

> 単独の場合：4声　不 bù
>
> 次に来る音が1声、2声、3声の場合：4声　不 bù＋1声・2声・3声
>
> 次の音が4声の場合：2声に変調　不 bú＋4声

なお、「不 bù の変調」については、変調後の声調で表記されるので、そのまま読めばOKです。
【例】　不吃 bù chī　食べない　　　不看 bú kàn　見ない

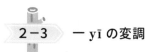

2−3　一 yī の変調

前の2つの変調に比べると、頻度はそれほど高くありません。少しややこしく感じるかもしれませんが、声に出して発音しながら、慣れていきましょう。

> 単独、序数（英語のfirstに当たる）の場合：1声　一　yī
> 次に来る音が1声、2声、3声の場合：4声　一　yì＋1声・2声・3声
> 次の音が4声の場合：2声に変調　一　yí＋4声

本書も含め、多くの中国語学習書では変調後の声調で表記されるので、そのまま読めばOKです。
【例】　第一次 dìyīcì　一回目　　一百 yìbǎi　100　　一万 yíwàn　10000
　　一个 yíge　一個（个はここでは軽声ですが、本来gèと読むため、yíのように変調します）

音読をしよう！

　　発音練習はダンスの練習に似ています。いくら振り付け（唇や舌の動き）を覚えても、それを支える筋肉がしっかりしていないと、動きに滑らかさがでません。

　　特に中国語は一音に何個も母音があるため、一つひとつの音を太極拳のように滑らかに移行させる必要があります。それには中国語用の口の筋肉が必須なのです。

　　口の筋トレには音読が一番！　音読の一番大事なコツは「お手本の音をよく聞くこと」です。私は目をつぶり、イヤホンを耳に押し当てて聞いています。最初は短い単語から、モノマネをするつもりで復唱します。

　　できれば録音して、自分の発音をよく聞いてみてください。自分の声を聞くのは嫌なものですが、聞きやすい声を追求するためにも、勇気を出して聞きましょう！
　　そして、文章に合った表情をつけて読んでみてください。驚くほどに聞いた感じが変化しますよ。

　　この本の例文を音読し、録音をSNSにアップロードしてもOKです。誰かが聞くかもしれないと思ってする音読は、程よく緊張感があって刺激になります。

　　音読で中国語用の筋肉を手に入れましょう！

15

3. 3つの基本文

中国語の3つの基本文、「動詞述語文」「形容詞述語文」「動詞『是』を用いる文」
を作れるようになれば、中国語文法の最初の関門はクリアしたと言えます。順に見
ていきましょう。

3-1　動詞述語文

動詞述語文は英語と同じ、SVO（主語・動詞・目的語）の順番です。

我吃饺子。 Wǒ chī jiǎozi.　私は餃子を食べます。
你吃饺子吗? Nǐ chī jiǎozi ma?　あなたは餃子を食べますか？
我不吃饺子。 Wǒ bù chī jiǎozi.　私は餃子を食べません。

3-2　形容詞述語文

形容詞述語文の肯定文では、「很」や「非常」などの程度を表す副詞をつけることが多いです。
ただし、疑問文や否定文にはつけないことが普通ですので、注意しましょう。

这个很辣。 Zhèige hěn là.　これは辛いです。
这个辣吗? Zhèige là ma?　これは辛いですか？
这个不辣。 Zhèige bú là.　これは辛くありません。

3-3　動詞「是」を用いる文

「是」は「吃（食べる）」や「看（見る）」などと違い、イメージしにくい動詞ですね。
「是」はイコールの意味を持っています。下の例文であれば、「她＝中国人」ということになります。もしも「是」がなければ「她中国人。」となりますが、動詞も形容詞も含まれていないので、文章が成り立ちません。

她是中国人。 Tā shì Zhōngguórén.　彼女は中国人です。
她是中国人吗? Tā shì Zhōngguórén ma?　彼女は中国人ですか？
她不是中国人。 Tā bú shì Zhōngguórén.　彼女は中国人ではありません。

第1章
私の1日
Day01~Day14

Day 01

私の1日 ①

中国語 DL 04

今日の3文

① 早上好!
Zǎoshang hǎo!

② 看天气预报。
Kàn tiānqì yùbào.

③ 打开窗户。
Dǎkāi chuānghu.

①おはようございます！②天気予報を見ます。③窓を開けます。

Step1 インプット

1. モデル音声を聞く×5

2. 意味を確認する

3. 100％聞き取れるようになるまで、モデル音声を聞く

  _____ 回目で達成！

こんな表現も使ってみよう

早啊! zǎo a!　おはよう！
电视 diànshì　テレビ
窗帘 chuānglián　カーテン

MEMO

Step2 インテイク

1. シャドーイング（テキスト見る×5、テキスト見ない×5）

聞く 見る ✓ □ □ □ □   聞く 見ない ✓ □ □ □ □

2. 音読×5（テキスト見る）

音読 見る ✓ □ □ □ □

3. 日本語訳を見て中国語フレーズを声に出して言う（目標：3文を12秒）

チェック欄

1回目 ＿＿＿＿＿秒   2回目 ＿＿＿＿＿秒   3回目 ＿＿＿＿＿秒   4回目 ＿＿＿＿＿秒

5回目 ＿＿＿＿＿秒   ＿＿＿＿＿回目で12秒以内、達成！

Step3 アウトプット

1. 暗唱（目標：5回）

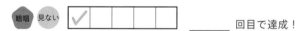

暗唱 見ない ✓ □ □ □ □   ＿＿＿＿＿回目で達成！

2. 100％正確に書けるようになるまで、【今日の3文】を紙に書く

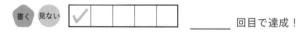

書く 見ない ✓ □ □ □ □   ＿＿＿＿＿回目で達成！

3. **GOAL!** 単語を入れ替えて【私の3文】を作成

【私の3文】はP.31に書きましょう！ ➡

Day 02
私の1日 ②

中国語 DL 05

今日の3文

① 洗脸。
　　Xǐ liǎn.

② 刷牙。
　　Shuā yá.

③ 吃早饭。
　　Chī zǎofàn.

①顔を洗います。②歯を磨きます。③朝食を食べます。

Step1 インプット

1. モデル音声を聞く×5

  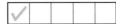

2. 意味を確認する

3. 100％聞き取れるようになるまで、モデル音声を聞く

   ＿＿＿＿ 回目で達成！

こんな表現も使ってみよう

上厕所 shàng cèsuǒ　トイレに行く
面包 miànbāo　パン
不吃早饭 bù chī zǎofàn　朝食を食べない

MEMO

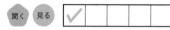

Step2 インテイク

1. シャドーイング（テキスト見る×5、テキスト見ない×5）

 聞く 見る ✓ ☐ ☐ ☐ ☐　　　聞く 見ない ✓ ☐ ☐ ☐ ☐

2. 音読×5（テキスト見る）

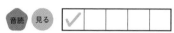 音読 見る ✓ ☐ ☐ ☐ ☐

3. 日本語訳を見て中国語フレーズを声に出して言う（目標：3文を12秒）

チェック欄

| 1回目 ＿＿＿＿＿ 秒 | 2回目 ＿＿＿＿＿ 秒 | 3回目 ＿＿＿＿＿ 秒 | 4回目 ＿＿＿＿＿ 秒 |

5回目 ＿＿＿＿＿ 秒　　　　　　　　　　　　　　　＿＿＿＿ 回目で12秒以内、達成！

Step3 アウトプット

1. 暗唱（目標：5回）

 暗唱 見ない ✓ ☐ ☐ ☐ ☐　　　＿＿＿＿ 回目で達成！

2. 100％正確に書けるようになるまで、【今日の3文】を紙に書く

 書く 見ない ✓ ☐ ☐ ☐ ☐　　　＿＿＿＿ 回目で達成！

3. **GOAL!** 単語を入れ替えて【私の3文】を作成

【私の3文】はP.31に書きましょう！➡

Day 03

私の1日 ③

中国語 **DL 06**

今日の3文

① 换衣服。
   Huàn yīfu.

② 照镜子。
   Zhào jìngzi.

③ 戴口罩。
   Dài kǒuzhào.

①服を着替えます。②鏡を見ます。③マスクをつけます。

Step1 インプット

1. モデル音声を聞く×5

  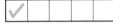

2. 意味を確認する

3. 100%聞き取れるようになるまで、モデル音声を聞く

  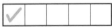 ＿＿＿＿＿ 回目で達成！

こんな表現も使ってみよう

刮胡子 guā húzi　ひげを剃る
化妆 huà zhuāng　メークをする
梳头发 shū tóufa　髪をとかす

MEMO

Step2 インテイク

1. シャドーイング（テキスト見る×5、テキスト見ない×5）

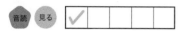

2. 音読×5（テキスト見る）

3. 日本語訳を見て中国語フレーズを声に出して言う（目標：3文を12秒）

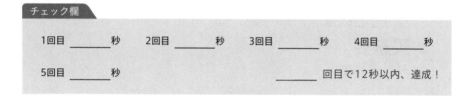

チェック欄

1回目 ＿＿＿＿秒　　2回目 ＿＿＿＿秒　　3回目 ＿＿＿＿秒　　4回目 ＿＿＿＿秒

5回目 ＿＿＿＿秒　　　　　　　　　　　　　　＿＿＿＿回目で12秒以内、達成！

Step3 アウトプット

1. 暗唱（目標：5回）

＿＿＿＿回目で達成！

2. 100％正確に書けるようになるまで、【今日の3文】を紙に書く

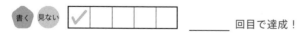

＿＿＿＿回目で達成！

3. **GOAL!** 単語を入れ替えて【私の3文】を作成

【私の3文】はP.31に書きましょう！ ➡

Day 04
私の1日 ④

中国語 DL 07

今日の3文

① **出门。**
Chū mén.

② **坐电车。**
Zuò diànchē.

③ **买东西。**
Mǎi dōngxi.

①外出します。②電車に乗ります。③ショッピングをします。

Step1 インプット

1. モデル音声を聞く×5

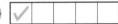

2. 意味を確認する

3. 100％聞き取れるようになるまで、モデル音声を聞く

 _____ 回目で達成！

こんな表現も使ってみよう

倒垃圾 dào lājī　ごみを捨てる
骑自行车 qí zìxíngchē　自転車に乗る
跑着去车站 pǎo zhe qù chēzhàn　駅まで走る

MEMO

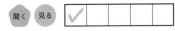

Step2　インテイク

1. シャドーイング（テキスト見る×5、テキスト見ない×5）

 聞く　見る ✓ □□□□　　　聞く　見ない ✓ □□□□

2. 音読×5（テキスト見る）

音読　見る ✓ □□□□

3. 日本語訳を見て中国語フレーズを声に出して言う（目標：3文を12秒）

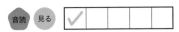

チェック欄

1回目 _____秒　　　2回目 _____秒　　　3回目 _____秒　　　4回目 _____秒

5回目 _____秒　　　　　　　　　　　　　　　　_____ 回目で12秒以内、達成！

Step3　アウトプット

1. 暗唱（目標：5回）

暗唱　見ない ✓ □□□□　　_____ 回目で達成！

2. 100％正確に書けるようになるまで、【今日の3文】を紙に書く

書く　見ない ✓ □□□□　　_____ 回目で達成！

3. 🚩 **GOAL!**　単語を入れ替えて【私の3文】を作成

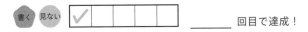
😊【私の3文】はP.31に書きましょう！ ➡

25

Day 05

私の1日 ⑤

中国語 DL 08

今日の3文

① **休息一下。**
Xiūxi yíxià.

② **在公园散步。**
Zài gōngyuán sànbù.

③ **真舒服！**
Zhēn shūfu!

①少し休憩します。②公園を散歩します。③気持ちいい！

1. モデル音声を聞く×5

聞く　見ない　✓ ☐ ☐ ☐ ☐

2. 意味を確認する

3. 100％聞き取れるようになるまで、モデル音声を聞く

聞く　見ない　✓ ☐ ☐ ☐ ☐ 　　　＿＿＿＿ 回目で達成！

こんな表現も使ってみよう	MEMO
坐一会儿 zuò yíhuìr　少し座る 遛狗 liù gǒu　犬の散歩をする 跑步 pǎo bù　ジョギングする	

Step2 インテイク

1. シャドーイング（テキスト見る×5、テキスト見ない×5）

聞く 見る ☑ ☐ ☐ ☐ ☐　　聞く 見ない ☑ ☐ ☐ ☐ ☐

2. 音読×5（テキスト見る）

音読 見る ☑ ☐ ☐ ☐ ☐

3. 日本語訳を見て中国語フレーズを声に出して言う（目標：3文を12秒）

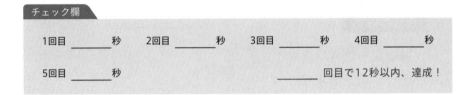

チェック欄

1回目 ＿＿＿＿秒　　2回目 ＿＿＿＿秒　　3回目 ＿＿＿＿秒　　4回目 ＿＿＿＿秒

5回目 ＿＿＿＿秒　　　　　　　　　　　　＿＿＿＿回目で12秒以内、達成！

Step3 アウトプット

1. 暗唱（目標：5回）

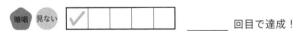

暗唱 見ない ☑ ☐ ☐ ☐ ☐　　＿＿＿＿回目で達成！

2. 100％正確に書けるようになるまで、【今日の3文】を紙に書く

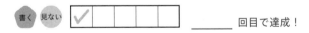

書く 見ない ☑ ☐ ☐ ☐ ☐　　＿＿＿＿回目で達成！

3. **GOAL!** 単語を入れ替えて【私の3文】を作成

【私の3文】はP.31に書きましょう！

私の1日 復習①

✳ 日本語を見ながら、中国語で言ってみよう！

Day01〜05で覚えた15文を、日本語を見ながら、中国語で60秒以内に言えるように
なるまで、声に出して言ってみましょう。

今日の15文

① おはようございます！

② 天気予報を見ます。

③ 窓を開けます。

④ 顔を洗います。

⑤ 歯を磨きます。

⑥ 朝食を食べます。

⑦ 服を着替えます。

⑧ 鏡を見ます。

⑨ マスクをつけます。

⑩ 外出します。

⑪ 電車に乗ります。

⑫ ショッピングをします。

⑬ 少し休憩します。

⑭ 公園を散歩します。

⑮ 気持ちいい！

全部言えましたか？ 中国語でどう言ったらいいか分からなくなったときは、下記を参考にしてみてください。また、発音を確認したいときは、音声を聞いてみましょう。

① 早上好！
Zǎoshang hǎo!

② 看天气预报。
Kàn tiānqì yùbào.

③ 打开窗户。
Dǎkāi chuānghu.

④ 洗脸。
Xǐ liǎn.

⑤ 刷牙。
Shuā yá.

⑥ 吃早饭。
Chī zǎofàn.

⑦ 换衣服。
Huàn yīfu.

⑧ 照镜子。
Zhào jìngzi.

⑨ 戴口罩。
Dài kǒuzhào.

⑩ 出门。
Chū mén.

⑪ 坐电车。
Zuò diànchē.

⑫ 买东西。
Mǎi dōngxi.

⑬ 休息一下。
Xiūxi yíxià.

⑭ 在公园散步。
Zài gōngyuán sànbù.

⑮ 真舒服！
Zhēn shūfu!

チェック欄

1回目 _____ 秒　　2回目 _____ 秒　　3回目 _____ 秒　　4回目 _____ 秒

5回目 _____ 秒　　　　　　　　　　_____ 回目で60秒以内、達成！

Day 07
私の1日 復習②

※ 日本語を聞いて、すぐ中国語で言ってみよう！　 日本語 DL 10

Day01〜05で覚えた15文を、<u>日本語を聞いてすぐ中国語で言える</u>ようになるまで、声に出して言ってみましょう。

どうしても中国語が出てこない場合は、下記を参考にしてみてください。

今日の15文

① 早上好！
② 看天气预报。
③ 打开窗户。
④ 洗脸。
⑤ 刷牙。
⑥ 吃早饭。
⑦ 换衣服。
⑧ 照镜子。
⑨ 戴口罩。
⑩ 出门。
⑪ 坐电车。
⑫ 买东西。
⑬ 休息一下。
⑭ 在公园散步。
⑮ 真舒服！

1週間お疲れさまでした！　明日からも一緒に頑張りましょう!!

チェック欄　　○=すらすら言えた、△=時々つかえた、×=なかなか出てこなかった

1回目 ＿＿＿＿　　　　2回目 ＿＿＿＿　　　　3回目 ＿＿＿＿　　　　4回目 ＿＿＿＿

5回目 ＿＿＿＿　　　　　　　　　　　＿＿＿＿回目ですらすら言えるようになった！

私の3文 ①

Day01〜05の【私の3文】は、
このページに書きましょう。

① _____

② _____

③ _____

④ _____

⑤ _____

⑥ _____

⑦ _____

⑧ _____

⑨ _____

⑩ _____

⑪ _____

⑫ _____

⑬ _____

⑭ _____

⑮ _____

Day 08
私の1日 ⑥

中国語 DL 11

今日の3文

① **去咖啡厅。**
Qù kāfēitīng.

② **喝咖啡。**
Hē kāfēi.

③ **去超市买东西。**
Qù chāoshì mǎi dōngxi.

①カフェに行きます。②コーヒーを飲みます。③スーパーに買い物に行きます。

Step1 インプット

1. モデル音声を聞く×5

2. 意味を確認する

3. 100%聞き取れるようになるまで、モデル音声を聞く

  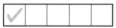 _____ 回目で達成！

こんな表現も使ってみよう

红茶 hóngchá　紅茶
百货商店 bǎihuò shāngdiàn　デパート
买熟食 mǎi shúshí　お惣菜を買う

MEMO

Step2 インテイク

1. シャドーイング（テキスト見る×5、テキスト見ない×5）

聞く 見る | ✓ | | | | |

聞く 見ない | ✓ | | | | |

2. 音読×5（テキスト見る）

音読 見る | ✓ | | | | |

3. 日本語訳を見て中国語フレーズを声に出して言う（目標：3文を12秒）

チェック欄

1回目 ＿＿＿＿＿秒　　2回目 ＿＿＿＿＿秒　　3回目 ＿＿＿＿＿秒　　4回目 ＿＿＿＿＿秒

5回目 ＿＿＿＿＿秒　　　　　　　　　　　　　　＿＿＿＿＿回目で12秒以内、達成！

Step3 アウトプット

1. 暗唱（目標：5回）

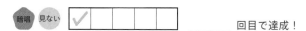

暗唱 見ない | ✓ | | | | |　　＿＿＿＿＿回目で達成！

2. 100％正確に書けるようになるまで、【今日の3文】を紙に書く

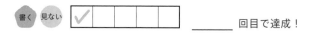

書く 見ない | ✓ | | | | |　　＿＿＿＿＿回目で達成！

3. GOAL!　単語を入れ替えて【私の3文】を作成

😊【私の3文】はP.45に書きましょう！➡

Day 09
私の1日 ⑦

中国語 DL 12

今日の3文

① **回家。**
Huí jiā.

② **打电话。**
Dǎ diànhuà.

③ **见朋友。**
Jiàn péngyou.

①家に帰ります。②電話をかけます。③友達に会います。

Step1 インプット

1. モデル音声を聞く×5

2. 意味を確認する

3. 100％聞き取れるようになるまで、モデル音声を聞く

  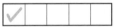 _____ 回目で達成！

こんな表現も使ってみよう

我回来了！ wǒ huílai le! ただいま！
电话响了 diànhuà xiǎng le 電話が鳴った
好久不见！ hǎojiǔ bújiàn! 久しぶり！

MEMO

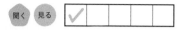

Step2 インテイク

1. シャドーイング（テキスト見る×5、テキスト見ない×5）

 聞く 見る ☑☐☐☐☐   聞く 見ない ☑☐☐☐☐

2. 音読×5（テキスト見る）

音読 見る ☑☐☐☐☐

3. 日本語訳を見て中国語フレーズを声に出して言う（目標：3文を12秒）

チェック欄

| 1回目 _____秒 | 2回目 _____秒 | 3回目 _____秒 | 4回目 _____秒 |

5回目 _____秒   _____回目で12秒以内、達成！

Step3 アウトプット

1. 暗唱（目標：5回）

暗唱 見ない ☑☐☐☐☐   _____回目で達成！

2. 100％正確に書けるようになるまで、【今日の3文】を紙に書く

書く 見ない ☑☐☐☐☐   _____回目で達成！

3. 🚩GOAL!   単語を入れ替えて【私の3文】を作成

🐸【私の3文】はP.45に書きましょう！ ➡

Day 10
私の1日 ⑧

中国語 DL 13

今日の3文

① **一起聊天。**
Yìqǐ liáotiān.

② **很开心！**
Hěn kāixīn!

③ **再见！**
Zàijiàn!

①一緒におしゃべりします。②楽しい！③またね！

Step1　インプット

1. モデル音声を聞く×5

  ✓

2. 意味を確認する

3. 100％聞き取れるようになるまで、モデル音声を聞く

聞く 見ない ✓ ＿＿＿＿＿ 回目で達成！

こんな表現も使ってみよう

喝酒 hē jiǔ　お酒を飲む
喝醉了 hēzuì le　酔っ払った
你一点都没变！Nǐ yìdiǎn dōu méi biàn!　全然変わらないね！

MEMO

Step2 インテイク

1. シャドーイング（テキスト見る×5、テキスト見ない×5）

聞く 見る ☑ ☐ ☐ ☐ ☐   聞く 見ない ☑ ☐ ☐ ☐ ☐

2. 音読×5（テキスト見る）

音読 見る ☑ ☐ ☐ ☐ ☐

3. 日本語訳を見て中国語フレーズを声に出して言う（目標：3文を12秒）

チェック欄			
1回目 _____ 秒	2回目 _____ 秒	3回目 _____ 秒	4回目 _____ 秒
5回目 _____ 秒			_____ 回目で12秒以内、達成！

Step3 アウトプット

1. 暗唱（目標：5回）

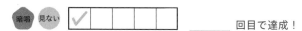

暗唱 見ない ☑ ☐ ☐ ☐ ☐   _____ 回目で達成！

2. 100％正確に書けるようになるまで、【今日の3文】を紙に書く

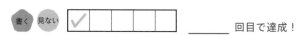

書く 見ない ☑ ☐ ☐ ☐ ☐   _____ 回目で達成！

3. 🚩 **GOAL!** 単語を入れ替えて【私の3文】を作成

🐸【私の3文】はP.45に書きましょう！ ➡

Day 11
私の1日 ⑨

中国語 DL 14

今日の3文

① 洗手。
Xǐ shǒu.

② 看电视剧。
Kàn diànshìjù.

③ 学习中文。
Xuéxí Zhōngwén.

①手を洗います。②ドラマを見ます。③中国語を勉強します。

Step1 インプット

1. モデル音声を聞く×5

2. 意味を確認する

3. 100％聞き取れるようになるまで、モデル音声を聞く

 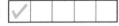 ＿＿＿＿ 回目で達成！

こんな表現も使ってみよう

漱口 shù kǒu　うがいをする
看书 kàn shū　本を読む
听音乐 tīng yīnyuè　音楽を聞く

MEMO

 **Step2** インテイク

1. シャドーイング（テキスト見る×5、テキスト見ない×5）

 聞く 見る ✓ ☐ ☐ ☐ ☐   聞く 見ない ✓ ☐ ☐ ☐ ☐

2. 音読×5（テキスト見る）

 音読 見る ✓ ☐ ☐ ☐ ☐

3. 日本語訳を見て中国語フレーズを声に出して言う（目標：3文を12秒）

チェック欄

1回目 ＿＿＿＿＿ 秒   2回目 ＿＿＿＿＿ 秒   3回目 ＿＿＿＿＿ 秒   4回目 ＿＿＿＿＿ 秒

5回目 ＿＿＿＿＿ 秒   ＿＿＿＿＿ 回目で12秒以内、達成！

Step3 アウトプット

1. 暗唱（目標：5回）

 暗唱 見ない ✓ ☐ ☐ ☐ ☐ ＿＿＿＿＿ 回目で達成！

2. 100％正確に書けるようになるまで、【今日の3文】を紙に書く

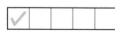 書く 見ない ✓ ☐ ☐ ☐ ☐ ＿＿＿＿＿ 回目で達成！

3. **GOAL!** 単語を入れ替えて【私の3文】を作成

🐻【私の3文】はP.45に書きましょう！ ➡

Day 12
私の1日 ⑩

中国語 DL 15

/////// 今日の3文 ///////

① **在朋友圈发照片。**
Zài péngyouquān fā zhàopiàn.

② **该睡了。**
Gāi shuì le.

③ **晚安！**
Wǎn'ān!

①モーメンツ*に写真をアップします。②もう寝なきゃ。③おやすみなさい！

Step1 インプット

1. モデル音声を聞く×5

聞く 見ない

2. 意味を確認する

3. 100％聞き取れるようになるまで、モデル音声を聞く

聞く 見ない   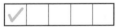 _____ 回目で達成！

こんな表現も使ってみよう	MEMO
视频 shìpín　動画 洗澡 xǐ zǎo　お風呂に入る 做个好梦！ zuò ge hǎomèng!　いい夢を！	

＊中国の定番アプリ WeChat ／微信 Wēixìn の一機能

Step2　インテイク

1. シャドーイング（テキスト見る×5、テキスト見ない×5）

2. 音読×5（テキスト見る）

3. 日本語訳を見て中国語フレーズを声に出して言う（目標：3文を12秒）

| チェック欄 |

1回目 ＿＿＿＿＿秒　　2回目 ＿＿＿＿＿秒　　3回目 ＿＿＿＿＿秒　　4回目 ＿＿＿＿＿秒

5回目 ＿＿＿＿＿秒　　　　　　　　　　　　　　＿＿＿＿＿回目で12秒以内、達成！

Step3　アウトプット

1. 暗唱（目標：5回）

  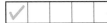 ＿＿＿＿＿回目で達成！

2. 100％正確に書けるようになるまで、【今日の3文】を紙に書く

  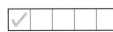 ＿＿＿＿＿回目で達成！

3. 🚩 **GOAL!**　単語を入れ替えて【私の3文】を作成

【私の3文】はP.45に書きましょう！ ➡

Day 13

私の1日 復習③

✳ 日本語を見ながら、中国語で言ってみよう！

Day08〜12で覚えた15文を、<u>日本語を見ながら、中国語で60秒以内に言えるよう</u>になるまで、声に出して言ってみましょう。

今日の15文

① カフェに行きます。

② コーヒーを飲みます。

③ スーパーに買い物に行きます。

④ 家に帰ります。

⑤ 電話をかけます。

⑥ 友達に会います。

⑦ 一緒におしゃべりします。

⑧ 楽しい！

⑨ またね！

⑩ 手を洗います。

⑪ ドラマを見ます。

⑫ 中国語を勉強します。

⑬ モーメンツに写真をアップします。

⑭ もう寝なきゃ。

⑮ おやすみなさい！

全部言えましたか？　中国語でどう言ったらいいか分からなくなったときは、下記を参考にしてみてください。また、発音を確認したいときは、音声を聞いてみましょう。

中国語 DL 16

① 去咖啡厅。
Qù kāfēitīng.

② 喝咖啡。
Hē kāfēi.

③ 去超市买东西。
Qù chāoshì mǎi dōngxi.

④ 回家。
Huí jiā.

⑤ 打电话。
Dǎ diànhuà.

⑥ 见朋友。
Jiàn péngyou.

⑦ 一起聊天。
Yìqǐ liáotiān.

⑧ 很开心！
Hěn kāixīn!

⑨ 再见！
Zàijiàn!

⑩ 洗手。
Xǐ shǒu.

⑪ 看电视剧。
Kàn diànshìjù.

⑫ 学习中文。
Xuéxí Zhōngwén.

⑬ 在朋友圈发照片。
Zài péngyouquān fā zhàopiàn.

⑭ 该睡了。
Gāi shuì le.

⑮ 晚安！
Wǎn'ān!

チェック欄

| 1回目 _____ 秒 | 2回目 _____ 秒 | 3回目 _____ 秒 | 4回目 _____ 秒 |

| 5回目 _____ 秒 | | _____ 回目で60秒以内、達成！ |

学習時間：　　　　　分

Day 14
私の1日 復習④

✳ 日本語を聞いて、すぐ中国語で言ってみよう！   日本語 DL 17

Day08〜12で覚えた15文を、日本語を聞いてすぐ中国語で言えるようになるまで、声に出して言ってみましょう。

どうしても中国語が出てこない場合は、下記を参考にしてみてください。

今日の15文

① 去咖啡厅。

② 喝咖啡。

③ 去超市买东西。

④ 回家。

⑤ 打电话。

⑥ 见朋友。

⑦ 一起聊天。

⑧ 很开心！

⑨ 再见！

⑩ 洗手。

⑪ 看电视剧。

⑫ 学习中文。

⑬ 在朋友圈发照片。

⑭ 该睡了。

⑮ 晚安！

1週間お疲れさまでした！　明日からも一緒に頑張りましょう!!

チェック欄　　○＝すらすら言えた、△＝時々つかえた、×＝なかなか出てこなかった

1回目 ＿＿＿＿＿　　2回目 ＿＿＿＿＿　　3回目 ＿＿＿＿＿　　4回目 ＿＿＿＿＿

5回目 ＿＿＿＿＿　　　　　　　　　　＿＿＿＿＿ 回目ですらすら言えるようになった！

私の3文 ②

Day08〜12の【私の3文】は、
このページに書きましょう。

① _____

② _____

③ _____

④ _____

⑤ _____

⑥ _____

⑦ _____

⑧ _____

⑨ _____

⑩ _____

⑪ _____

⑫ _____

⑬ _____

⑭ _____

⑮ _____

夏季老师の部屋①

声調は中国語の命

　私の担当する初級の授業では、必ず音読のテストをします。合格基準は「声調のミスがないこと」。

　特に初学者の場合、短い文章でも声調を完璧に発音できる人はなかなかいません。しかし、**声調は中国語の命です**。ピンインのアルファベット部分（＝口の動き）は多少違っていても通じることが多いのですが、声調のミスは「通じない」に直結しますので、ここは厳しくチェックするようにしています。

　中国人の声調センサーは非常に高感度。例えば、2声がきちんと上がりきっていないと、文脈で何とか通じたとしても「ん？　あの音は……」と気になってしまうようです。その結果、肝心の話の中身に集中してもらえなかったら、もったいないですよね。

　声調の発音のコツはいくつかありますが、**一番のコツは「丁寧に一つずつ発音すること」**です。何度か声に出して言ううちに、どうしてもさらっと読みたくなると思うのですが、そこは我慢。多少ぎこちなくなっても、丁寧な音のほうが聞いていて気持ちのいいものです。

　本書のダウンロード音声の速度を調節して、最初は速度を落として練習し、だんだん元の速度に戻す方法も効果的です。まずは丁寧に、慣れたら全体の流れを意識して読む練習をしてみましょう！

MEMO

第2章
仕事
Day15 ~ Day28

Day 15
仕事 ①

中国語 DL 18

今日の3文

① **上班。**
Shàng bān.

② **查看邮件。**
Chákàn yóujiàn.

③ **上午开会。**
Shàngwǔ kāihuì.

①出勤します。②メールをチェックします。③午前に会議があります。

Step1 インプット

1. モデル音声を聞く×5

聞く 見ない

2. 意味を確認する

3. 100％聞き取れるようになるまで、モデル音声を聞く

聞く 見ない    _____ 回目で達成！

こんな表現も使ってみよう

上学 shàng xué　登校する
打卡 dǎ kǎ　打刻する
下午 xiàwǔ　午後

MEMO

50

Step2 インテイク

1. シャドーイング（テキスト見る×5、テキスト見ない×5）

2. 音読×5（テキスト見る）

音読 見る ✓ ▯▯▯▯

3. 日本語訳を見て中国語フレーズを声に出して言う（目標：3文を12秒）

チェック欄

1回目 ＿＿＿＿＿秒　　2回目 ＿＿＿＿＿秒　　3回目 ＿＿＿＿＿秒　　4回目 ＿＿＿＿＿秒

5回目 ＿＿＿＿＿秒　　　　　　　　　　　　　　　＿＿＿＿＿回目で12秒以内、達成！

Step3 アウトプット

1. 暗唱（目標：5回）

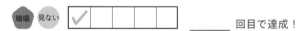
＿＿＿＿＿回目で達成！

2. 100％正確に書けるようになるまで、【今日の3文】を紙に書く

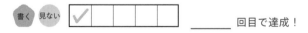
＿＿＿＿＿回目で達成！

3. 🚩 **GOAL!** 単語を入れ替えて【私の3文】を作成

🐸 【私の3文】はP.63に書きましょう！ ➡

51

中国語 DL 19

今日の3文

① **很忙。**
Hěn máng.

② **写报告。**
Xiě bàogào.

③ **眼花了。**
Yǎn huā le.

①忙しいです。②レポートを書きます。③目がかすみます。

Step1 インプット

1. モデル音声を聞く×5

2. 意味を確認する

3. 100％聞き取れるようになるまで、モデル音声を聞く

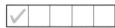 _____ 回目で達成！

こんな表現も使ってみよう

不太忙 bú tài máng　あまり忙しくない
准备资料 zhǔnbèi zīliào　資料を用意する
滴眼药水 dī yǎnyàoshuǐ　目薬をさす

MEMO

Step2　インテイク

1. シャドーイング（テキスト見る×5、テキスト見ない×5）

2. 音読×5（テキスト見る）

音読　見る ✓ ☐ ☐ ☐ ☐

3. 日本語訳を見て中国語フレーズを声に出して言う（目標：3文を12秒）

チェック欄

1回目 ＿＿＿＿＿秒　　2回目 ＿＿＿＿＿秒　　3回目 ＿＿＿＿＿秒　　4回目 ＿＿＿＿＿秒

5回目 ＿＿＿＿＿秒　　　　　　　　　　　　　　　＿＿＿＿＿回目で12秒以内、達成！

Step3　アウトプット

1. 暗唱（目標：5回）

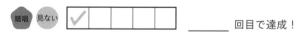

＿＿＿＿＿回目で達成！

2. 100％正確に書けるようになるまで、【今日の3文】を紙に書く

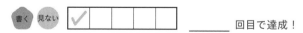

＿＿＿＿＿回目で達成！

3. **GOAL!** 単語を入れ替えて【私の3文】を作成

🐻【私の3文】はP.63に書きましょう！ ➡

Day 17
仕事 ③

中国語 DL 20

////// 今日の3文 //////////////////////////////////

① 明天我想请假。
Míngtiān wǒ xiǎng qǐngjià.

② 和同事吃午饭。
Hé tóngshì chī wǔfàn.

③ 接电话。
Jiē diànhuà.

①明日休みをとりたいです。②同僚とランチします。③電話を受けます。

Step1 インプット

1. モデル音声を聞く×5

2. 意味を確認する

3. 100％聞き取れるようになるまで、モデル音声を聞く

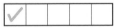 _____ 回目で達成！

こんな表現も使ってみよう

下星期 xiàxīngqī 来週
上司 shàngsī 上司
寄快递 jì kuàidì 宅配便を送る

MEMO

Step2 インテイク

1. シャドーイング（テキスト見る×5、テキスト見ない×5）

 ✓ ☐ ☐ ☐ ☐   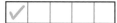 ✓ ☐ ☐ ☐ ☐

2. 音読×5（テキスト見る）

音読 見る ✓ ☐ ☐ ☐ ☐

3. 日本語訳を見て中国語フレーズを声に出して言う（目標：3文を12秒）

> チェック欄
>
> 1回目 _____秒   2回目 _____秒   3回目 _____秒   4回目 _____秒
>
> 5回目 _____秒   _____回目で12秒以内、達成！

Step3 アウトプット

1. 暗唱（目標：5回）

暗唱 見ない ✓ ☐ ☐ ☐ ☐   _____回目で達成！

2. 100％正確に書けるようになるまで、【今日の3文】を紙に書く

書く 見ない ✓ ☐ ☐ ☐ ☐   _____回目で達成！

3. 🚩**GOAL!**　単語を入れ替えて【私の3文】を作成

【私の3文】はP.63に書きましょう！ ➡

Day 18
仕事 ④

中国語 DL 21

////// 今日の3文 //////

① **复印两份。**
Fùyìn liǎng fèn.

② **空调坏了！**
Kōngtiáo huài le!

③ **我来吧。**
Wǒ lái ba.

①コピーを2部とります。②エアコンが壊れた！③私がやります。

Step1 インプット

1. モデル音声を聞く×5

2. 意味を確認する

3. 100％聞き取れるようになるまで、モデル音声を聞く

 ＿＿＿＿＿ 回目で達成！

こんな表現も使ってみよう	MEMO
电脑 diànnǎo　パソコン 打印机 dǎyìnjī　プリンター 搞错了！ gǎocuò le!　間違えた！	

 **Step2** インテイク

1. シャドーイング（テキスト見る×5、テキスト見ない×5）

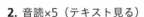 聞く 見る ☑ ⬜ ⬜ ⬜ ⬜　　　聞く 見ない ☑ ⬜ ⬜ ⬜ ⬜

2. 音読×5（テキスト見る）

音読 見る ☑ ⬜ ⬜ ⬜ ⬜

3. 日本語訳を見て中国語フレーズを声に出して言う（目標：3文を12秒）

 チェック欄

1回目 ＿＿＿ 秒	2回目 ＿＿＿ 秒	3回目 ＿＿＿ 秒	4回目 ＿＿＿ 秒
5回目 ＿＿＿ 秒			＿＿＿ 回目で12秒以内、達成！

 **Step3** アウトプット

1. 暗唱（目標：5回）

暗唱 見ない ☑ ⬜ ⬜ ⬜ ⬜　＿＿＿ 回目で達成！

2. 100％正確に書けるようになるまで、【今日の3文】を紙に書く

書く 見ない ☑ ⬜ ⬜ ⬜ ⬜　＿＿＿ 回目で達成！

3. 🚩 **GOAL!**　単語を入れ替えて【私の3文】を作成

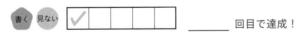 【私の3文】はP.63に書きましょう！➡

57

Day 19
仕事 ⑤

中国語 DL 22

今日の3文

① **五点下班。**
Wǔ diǎn xiàbān.

② **我先走了。**
Wǒ xiān zǒu le.

③ **明天见！**
Míngtiān jiàn!

①5時に退勤します。②お先に失礼します。③また明日！

Step1 インプット

1. モデル音声を聞く×5

2. 意味を確認する

3. 100％聞き取れるようになるまで、モデル音声を聞く

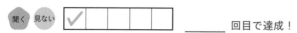

_____ 回目で達成！

こんな表現も使ってみよう

加班到八点 jiābān dào bā diǎn　8時まで残業する
坐末班车回家 zuò mòbānchē huíjiā　終電で家に帰る
祝你周末愉快！ zhù nǐ zhōumò yúkuài!　よい週末を！

MEMO

Step2 インテイク

1. シャドーイング（テキスト見る×5、テキスト見ない×5）

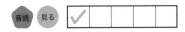

聞く 見る ☑ □ □ □ □   聞く 見ない ☑ □ □ □ □

2. 音読×5（テキスト見る）

音読 見る ☑ □ □ □ □

3. 日本語訳を見て中国語フレーズを声に出して言う（目標：3文を12秒）

チェック欄			
1回目 _____ 秒	2回目 _____ 秒	3回目 _____ 秒	4回目 _____ 秒
5回目 _____ 秒		_____ 回目で12秒以内、達成！	

Step3 アウトプット

1. 暗唱（目標：5回）

暗唱 見ない ☑ □ □ □ □   _____ 回目で達成！

2. 100％正確に書けるようになるまで、【今日の3文】を紙に書く

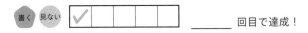

書く 見ない ☑ □ □ □ □   _____ 回目で達成！

3. **GOAL!**　単語を入れ替えて【私の3文】を作成

【私の3文】はP.63に書きましょう！ ➡

Day 20

仕事 復習①

❋ 日本語を見ながら、中国語で言ってみよう！

Day15〜19で覚えた15文を、日本語を見ながら、中国語で60秒以内に言えるようになるまで、声に出して言ってみましょう。

今日の15文

① 出勤します。
② メールをチェックします。
③ 午後に会議があります。
④ 忙しいです。
⑤ レポートを書きます。
⑥ 目がかすみます。
⑦ 明日休みをとりたいです。
⑧ 同僚とランチします。
⑨ 電話を受けます。
⑩ コピーを2部とります。
⑪ エアコンが壊れた！
⑫ 私がやります。
⑬ 5時に退勤します。
⑭ お先に失礼します。
⑮ また明日！

全部言えましたか？　中国語でどう言ったらいいか分からなくなったときは、下記を参考にしてみてください。また、発音を確認したいときは、音声を聞いてみましょう。

① **上班。**
Shàng bān.

② **查看邮件。**
Chákàn yóujiàn.

③ **上午开会。**
Shàngwǔ kāihuì.

④ **很忙。**
Hěn máng.

⑤ **写报告。**
Xiě bàogào.

⑥ **眼花了。**
Yǎn huā le.

⑦ **明天我想请假。**
Míngtiān wǒ xiǎng qǐngjià.

⑧ **和同事吃午饭。**
Hé tóngshì chī wǔfàn.

⑨ **接电话。**
Jiē diànhuà.

⑩ **复印两份。**
Fùyìn liǎng fèn.

⑪ **空调坏了！**
Kōngtiáo huài le!

⑫ **我来吧。**
Wǒ lái ba.

⑬ **五点下班。**
Wǔ diǎn xiàbān.

⑭ **我先走了。**
Wǒ xiān zǒu le.

⑮ **明天见！**
Míngtiān jiàn!

チェック欄

| 1回目 _____ 秒 | 2回目 _____ 秒 | 3回目 _____ 秒 | 4回目 _____ 秒 |

5回目 _____ 秒　　　　　　　　　　　　　　_____ 回目で60秒以内、達成！

Day 21

仕事 復習②

✳ **日本語を聞いて、すぐ中国語で言ってみよう！** 日本語 DL 24

Day15〜19で覚えた15文を、<u>日本語を聞いてすぐ中国語で言える</u>ようになるまで、声に出して言ってみましょう。

どうしても中国語が出てこない場合は、下記を参考にしてみてください。

今日の15文

① 上班。

② 查看邮件。

③ 上午开会。

④ 很忙。

⑤ 写报告。

⑥ 眼花了。

⑦ 明天我想请假。

⑧ 和同事吃午饭。

⑨ 接电话。

⑩ 复印两份。

⑪ 空调坏了！

⑫ 我来吧。

⑬ 五点下班。

⑭ 我先走了。

⑮ 明天见！

1週間お疲れさまでした！ 明日からも一緒に頑張りましょう!!

チェック欄 ○＝すらすら言えた、△＝時々つかえた、×＝なかなか出てこなかった

1回目 ＿＿＿＿＿ 2回目 ＿＿＿＿＿ 3回目 ＿＿＿＿＿ 4回目 ＿＿＿＿＿

5回目 ＿＿＿＿＿ ＿＿＿＿＿回目ですらすら言えるようになった！

私の3文 ③

Day15〜19の【私の3文】は、
このページに書きましょう。

① _____

② _____

③ _____

④ _____

⑤ _____

⑥ _____

⑦ _____

⑧ _____

⑨ _____

⑩ _____

⑪ _____

⑫ _____

⑬ _____

⑭ _____

⑮ _____

Day 22

仕事 ⑥

中国語 DL 25

今日の3文

① **去上海出差。**
Qù Shànghǎi chūchāi.

② **坐电车去机场。**
Zuò diànchē qù jīchǎng.

③ **这是托运行李。**
Zhè shì tuōyùn xíngli.

①上海に出張します。②電車で空港まで行きます。③これは預ける荷物です。

Step1 インプット

1. モデル音声を聞く×5

2. 意味を確認する

3. 100％聞き取れるようになるまで、モデル音声を聞く

 _____ 回目で達成！

こんな表現も使ってみよう

坐公共汽车 zuò gōnggòngqìchē　バスに乗る
手提行李 shǒutíxíngli　手荷物
护照 hùzhào　パスポート

MEMO

Step2 インテイク

1. シャドーイング（テキスト見る×5、テキスト見ない×5）

 聞く 見る ✓ □ □ □ □   聞く 見ない ✓ □ □ □ □

2. 音読×5（テキスト見る）

音読 見る ✓ □ □ □ □

3. 日本語訳を見て中国語フレーズを声に出して言う（目標：3文を12秒）

チェック欄

1回目 ＿＿＿＿＿秒　　2回目 ＿＿＿＿＿秒　　3回目 ＿＿＿＿＿秒　　4回目 ＿＿＿＿＿秒

5回目 ＿＿＿＿＿秒　　　　　　　　　　　　　　　＿＿＿＿＿回目で12秒以内、達成！

Step3 アウトプット

1. 暗唱（目標：5回）

暗唱 見ない ✓ □ □ □ □ 　＿＿＿＿＿回目で達成！

2. 100％正確に書けるようになるまで、【今日の3文】を紙に書く

書く 見ない ✓ □ □ □ □ 　＿＿＿＿＿回目で達成！

3. GOAL!　単語を入れ替えて【私の3文】を作成

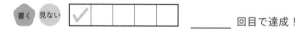

【私の3文】はP.77に書きましょう！ ➡

Day 23

仕事 ⑦

中国語　DL 26

今日の3文

① 在五号登机口登机。
Zài wǔ hào dēngjīkǒu dēngjī.

② 坐靠窗户的座位。
Zuò kào chuānghu de zuòwèi.

③ 请给我橙汁。
Qǐng gěi wǒ chéngzhī.

①5番搭乗ゲートから搭乗します。②窓側の席に座ります。③オレンジジュースをください。

Step1　　インプット

1. モデル音声を聞く×5

2. 意味を確認する

3. 100％聞き取れるようになるまで、モデル音声を聞く

 　　　_____ 回目で達成！

こんな表現も使ってみよう

靠通道的 kào tōngdào de　通路側の
鸡肉 jīròu　チキン
系安全带 jì ānquándài　シートベルトを締める

MEMO

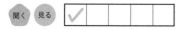
Step2 インテイク

1. シャドーイング（テキスト見る×5、テキスト見ない×5）

聞く 見る ☑ □ □ □ □   聞く 見ない ☑ □ □ □ □

2. 音読×5（テキスト見る）

音読 見る ☑ □ □ □ □

3. 日本語訳を見て中国語フレーズを声に出して言う（目標：3文を12秒）

 チェック欄

1回目 ＿＿＿＿ 秒　　2回目 ＿＿＿＿ 秒　　3回目 ＿＿＿＿ 秒　　4回目 ＿＿＿＿ 秒

5回目 ＿＿＿＿ 秒　　　　　　　　　　　　　　　　＿＿＿＿ 回目で12秒以内、達成！

Step3 アウトプット

1. 暗唱（目標：5回）

暗唱 見ない ☑ □ □ □ □　　　＿＿＿＿ 回目で達成！

2. 100％正確に書けるようになるまで、【今日の3文】を紙に書く

書く 見ない ☑ □ □ □ □　　　＿＿＿＿ 回目で達成！

3.  **GOAL!** 単語を入れ替えて【私の3文】を作成

😊【私の3文】はP.77に書きましょう！ ➡

Day 24
仕事 ⑧

中国語 DL 27

今日の3文

① **到上海了！**
Dào Shànghǎi le!

② **在机场换钱。**
Zài jīchǎng huànqián.

③ **在哪里打车？**
Zài nǎli dǎchē?

①上海に到着！②空港で両替をします。③どこでタクシーに乗れますか？

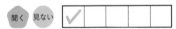

Step1 　インプット

1. モデル音声を聞く×5

聞く　見ない　[✓ | | | |]

2. 意味を確認する

3. 100％聞き取れるようになるまで、モデル音声を聞く

聞く　見ない　[✓ | | | |]　＿＿＿＿ 回目で達成！

こんな表現も使ってみよう

什么时候起飞？　shénme shíhou qǐfēi?　いつ飛びますか？
换成人民币　huàn chéng rénmínbì　人民元に替える
要多长时间？　yào duō cháng shíjiān?　どれくらい時間がかかりますか？

MEMO

Step2 インテイク

1. シャドーイング（テキスト見る×5、テキスト見ない×5）

聞く 見る | ✓ | | | | |

聞く 見ない | ✓ | | | | |

2. 音読×5（テキスト見る）

音読 見る | ✓ | | | | |

3. 日本語訳を見て中国語フレーズを声に出して言う（目標：3文を12秒）

チェック欄

| 1回目 _____ 秒 | 2回目 _____ 秒 | 3回目 _____ 秒 | 4回目 _____ 秒 |

| 5回目 _____ 秒 | | _____ 回目で12秒以内、達成！ |

Step3 アウトプット

1. 暗唱（目標：5回）

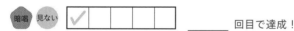

暗唱 見ない | ✓ | | | | | _____ 回目で達成！

2. 100％正確に書けるようになるまで、【今日の3文】を紙に書く

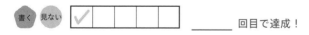

書く 見ない | ✓ | | | | | _____ 回目で達成！

3. **GOAL!** 単語を入れ替えて【私の3文】を作成

【私の3文】はP.77に書きましょう！ ➡

Day 25
仕事 ⑨

中国語 DL 28

今日の3文

① **我有预订房间。**
Wǒ yǒu yùdìng fángjiān.

② **我姓山田。**
Wǒ xìng Shāntián .

③ **有Wi-Fi吗?**
Yǒu Wi-Fi ma?

①部屋を予約しています。②山田（姓のみ入る）と申します。③Wi-Fiはありますか？

Step1 インプット

1. モデル音声を聞く×5

  | ✓ | | | |

2. 意味を確認する

3. 100％聞き取れるようになるまで、モデル音声を聞く

聞く 見ない | ✓ | | | | _____ 回目で達成！

こんな表現も使ってみよう

307 号房间 sān líng qī hào fángjiān　307 号室
住两天 zhù liǎng tiān　2 日間宿泊します
电热水壶 diànrèshuǐhú　電気湯沸かし器

MEMO

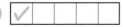

Step2 インテイク

1. シャドーイング（テキスト見る×5、テキスト見ない×5）

 聞く 見る ✓ □ □ □ □    聞く 見ない ✓ □ □ □ □

2. 音読×5（テキスト見る）

 音読 見る ✓ □ □ □ □

3. 日本語訳を見て中国語フレーズを声に出して言う（目標：3文を12秒）

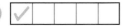 チェック欄

　1回目 ＿＿＿＿＿秒　　2回目 ＿＿＿＿＿秒　　3回目 ＿＿＿＿＿秒　　4回目 ＿＿＿＿＿秒

　5回目 ＿＿＿＿＿秒　　　　　　　　　　　　　　＿＿＿＿＿回目で12秒以内、達成！

Step3 アウトプット

1. 暗唱（目標：5回）

 暗唱 見ない ✓ □ □ □ □　＿＿＿＿＿回目で達成！

2. 100％正確に書けるようになるまで、【今日の3文】を紙に書く

 書く 見ない ✓ □ □ □ □　＿＿＿＿＿回目で達成！

3. 🚩GOAL!　単語を入れ替えて【私の3文】を作成

🐸【私の3文】はP.77に書きましょう！ ➡

Day 26
仕事 ⑩

中国語 DL 29

今日の3文

① **我要退房。**
Wǒ yào tuìfáng.

② **行李超重了!**
Xíngli chāozhòng le!

③ **我回来了!**
Wǒ huílai le!

①チェックアウトお願いします。②荷物の重量制限超えてる！③ただいま！

Step1 インプット

1. モデル音声を聞く×5

2. 意味を確認する

3. 100％聞き取れるようになるまで、モデル音声を聞く

 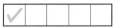 ＿＿＿＿＿ 回目で達成！

こんな表現も使ってみよう	MEMO
服务台 fúwùtái　フロント 房卡 fángkǎ　カード式のルームキー 付超重费 fù chāozhòngfèi　重量超過料金を払う	

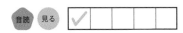

Step2　インテイク

1. シャドーイング（テキスト見る×5、テキスト見ない×5）

聞く　見る ✓ □ □ □ □　　　　聞く　見ない ✓ □ □ □ □

2. 音読×5（テキスト見る）

音読　見る ✓ □ □ □ □

3. 日本語訳を見て中国語フレーズを声に出して言う（目標：3文を12秒）

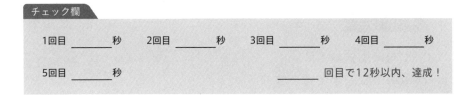

チェック欄

| 1回目 ＿＿＿＿＿＿秒 | 2回目 ＿＿＿＿＿＿秒 | 3回目 ＿＿＿＿＿＿秒 | 4回目 ＿＿＿＿＿＿秒 |

5回目 ＿＿＿＿＿＿秒　　　　　　　　　　　＿＿＿＿＿＿回目で12秒以内、達成！

Step3　アウトプット

1. 暗唱（目標：5回）

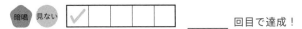

暗唱　見ない ✓ □ □ □ □ 　＿＿＿＿＿＿ 回目で達成！

2. 100％正確に書けるようになるまで、【今日の3文】を紙に書く

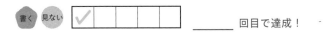

書く　見ない ✓ □ □ □ □ 　＿＿＿＿＿＿ 回目で達成！

3. **GOAL!**　単語を入れ替えて【私の3文】を作成

【私の3文】はP.77に書きましょう！ ➡

Day 27

仕事　復習③

✳ 日本語を見ながら、中国語で言ってみよう！

Day22〜26で覚えた15文を、日本語を見ながら、中国語で60秒以内に言えるよう
になるまで、声に出して言ってみましょう。

今日の15文

① 上海に出張します。

② 電車で空港まで行きます。

③ これは預ける荷物です。

④ ５番搭乗ゲートから搭乗します。

⑤ 窓側の席に座ります。

⑥ オレンジジュースをください。

⑦ 上海に到着！

⑧ 空港で両替をします。

⑨ どこでタクシーに乗れますか？

⑩ 部屋を予約しています。

⑪ 山田（姓のみ入る）と申します。

⑫ Wi-Fiはありますか？

⑬ チェックアウトお願いします。

⑭ 荷物の重量制限超えてる！

⑮ ただいま！

全部言えましたか？　中国語でどう言ったらいいか分からなくなったときは、下記を参考にしてみてください。また、発音を確認したいときは、音声を聞いてみましょう。

① 去上海出差。
Qù Shànghǎi chūchāi.

② 坐电车去机场。
Zuò diànchē qù jīchǎng.

③ 这是托运行李。
Zhè shì tuōyùn xíngli.

④ 在五号登机口登机。
Zài wǔ hào dēngjīkǒu dēngjī.

⑤ 坐靠窗户的座位。
Zuò kào chuānghu de zuòwèi.

⑥ 请给我橙汁。
Qǐng gěi wǒ chéngzhī.

⑦ 到上海了！
Dào Shànghǎi le!

⑧ 在机场换钱。
Zài jīchǎng huànqián.

⑨ 在哪里打车？
Zài nǎlǐ dǎchē?

⑩ 我有预订房间。
Wǒ yǒu yùdìng fángjiān.

⑪ 我姓山田。
Wǒ xìng Shāntián.

⑫ 有Wi-Fi吗？
Yǒu Wi-Fi ma?

⑬ 我要退房。
Wǒ yào tuìfáng.

⑭ 行李超重了！
Xíngli chāozhòng le!

⑮ 我回来了！
Wǒ huílai le!

チェック欄

| 1回目 ___ 秒 | 2回目 ___ 秒 | 3回目 ___ 秒 | 4回目 ___ 秒 |

5回目 ___ 秒　　　　　　　　　　　___ 回目で60秒以内、達成！

Day 28
仕事 復習④

✳ 日本語を聞いて、すぐ中国語で言ってみよう！

日本語 DL 31

Day22～26で覚えた15文を、日本語を聞いてすぐ中国語で言えるようになるまで、声に出して言ってみましょう。

どうしても中国語が出てこない場合は、下記を参考にしてみてください。

今日の15文

① 去上海出差。

② 坐电车去机场。

③ 这是托运行李。

④ 在五号登机口登机。

⑤ 坐靠窗户的座位。

⑥ 请给我橙汁。

⑦ 到上海了！

⑧ 在机场换钱。

⑨ 在哪里打车？

⑩ 我有预订房间。

⑪ 我姓山田。

⑫ 有Wi-Fi吗？

⑬ 我要退房。

⑭ 行李超重了！

⑮ 我回来了！

1週間お疲れさまでした！ 明日からも一緒に頑張りましょう!!

チェック欄 ○＝すらすら言えた、△＝時々つかえた、×＝なかなか出てこなかった

1回目 _____	2回目 _____	3回目 _____	4回目 _____

5回目 _____　　　　　　　　　　　回目ですらすら言えるようになった！

私の3文 ④

Day22〜26の【私の3文】は、
このページに書きましょう。

① _____

② _____

③ _____

④ _____

⑤ _____

⑥ _____

⑦ _____

⑧ _____

⑨ _____

⑩ _____

⑪ _____

⑫ _____

⑬ _____

⑭ _____

⑮ _____

夏季老师の部屋②

学習仲間を作ろう！

　独学の一番の敵は孤独だと思います。「自分の発音は合っているのか？」「この作文で意味が通じるのか？」「勉強法はこれでいいのだろうか？」。悩みは尽きません。もちろん、先生に習うのはこれらの悩みを解決できる手っ取り早い手段なのですが、それが難しい方も多くいらっしゃるでしょう。

　私は学校で中国語を習いましたが、先生はもちろんのこと、**学習仲間にもたくさん助けられました。**発音の上手な同学 tóngxué（クラスメイト）にコツを教わったり、勉強法を相談したり。同じ学習者の目線からのアドバイスなので、目からウロコが落ちることが多いのです。また、人に教えることも記憶の定着につながります。

　コロナ禍の状況下、オンラインで人と繋がることが増えました。

　私は2020年から中国アニメのファンアフレコ動画を作るグループ活動に参加しています。夜な夜な中国語について語り合ったり、発音の指摘をし合ったりして、とても楽しく勉強できています。

　学習者同士で刺激し合う環境をどう作るかということも、独学を長く続けるコツなのかもしれません。

オンライン勉強会は

このご時世ならでは。

MEMO

第3章
趣味
Day29～Day42

Day 29

趣味 ①

中国語 DL 32

① 今天好好*休息一下吧。
Jīntiān hǎohāo xiūxi yíxià ba.

② 气氛不错！
Qìfēn búcuò!

③ 泡温泉轻松一下。
Pào wēnquán qīngsōng yíxià.

①今日はゆっくり休もう。②いい雰囲気！③温泉につかってリラックスします。

Step1 インプット

1. モデル音声を聞く×5

聞く 見ない | ✓ | | | |

2. 意味を確認する

3. 100％聞き取れるようになるまで、モデル音声を聞く

聞く 見ない | ✓ | | | | ＿＿＿＿ 回目で達成！

こんな表現も使ってみよう

换上浴衣 huànshang yùyī　浴衣に着替える
风景 fēngjǐng　風景
享受美食 xiǎngshòu měishí　美食を堪能する

MEMO

＊「好好」のピンインは本来 hǎohǎo だが、実際には hǎohāo と発音されることが多い。本書では hǎohāo と表記する

Step2　インテイク

1. シャドーイング（テキスト見る×5、テキスト見ない×5）

聞く　見る　☑ ☐ ☐ ☐ ☐　　　　聞く　見ない　☑ ☐ ☐ ☐ ☐

2. 音読×5（テキスト見る）

音読　見る　☑ ☐ ☐ ☐ ☐

3. 日本語訳を見て中国語フレーズを声に出して言う（目標：3文を12秒）

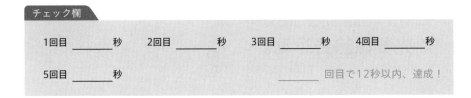

チェック欄

1回目 ＿＿＿＿＿秒　　2回目 ＿＿＿＿＿秒　　3回目 ＿＿＿＿＿秒　　4回目 ＿＿＿＿＿秒

5回目 ＿＿＿＿＿秒　　　　　　　　　　　　　＿＿＿＿＿回目で12秒以内、達成！

Step3　アウトプット

1. 暗唱（目標：5回）

暗唱　見ない　☑ ☐ ☐ ☐ ☐　＿＿＿＿＿回目で達成！

2. 100％正確に書けるようになるまで、【今日の3文】を紙に書く

書く　見ない　☑ ☐ ☐ ☐ ☐　＿＿＿＿＿回目で達成！

3. 🚩 GOAL!　単語を入れ替えて【私の3文】を作成

🐸【私の3文】はP.95に書きましょう！ ➡

中国語　DL 33

今日の3文

① 去健身房运动。
Qù jiànshēnfáng yùndòng.

② 我想保持体型。
Wǒ xiǎng bǎochí tǐxíng.

③ 先要做热身运动。
Xiān yào zuò rèshēn yùndòng.

①ジムに行って運動します。②体型を維持したいです。③まずはウォームアップから。

Step1

インプット

1. モデル音声を聞く×5

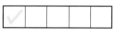
聞く　見ない　| ✓ | | | | |

2. 意味を確認する

3. 100％聞き取れるようになるまで、モデル音声を聞く

聞く　見ない　| ✓ | | | | |　_____ 回目で達成！

こんな表現も使ってみよう

瑜伽 yújiā　ヨガ
锻炼身体 duànliàn shēntǐ　体を鍛える
减肥 jiǎn féi　ダイエットをする

MEMO

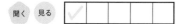

Step2　インテイク

1. シャドーイング（テキスト見る×5、テキスト見ない×5）

聞く　見る ☑ ☐ ☐ ☐ ☐　　　聞く　見ない ☑ ☐ ☐ ☐ ☐

2. 音読×5（テキスト見る）

音読　見る ☑ ☐ ☐ ☐ ☐

3. 日本語訳を見て中国語フレーズを声に出して言う（目標：3文を12秒）

チェック欄

1回目 ＿＿＿＿＿ 秒　　2回目 ＿＿＿＿＿ 秒　　3回目 ＿＿＿＿＿ 秒　　4回目 ＿＿＿＿＿ 秒

5回目 ＿＿＿＿＿ 秒　　　　　　　　　　　　　　　＿＿＿＿＿ 回目で12秒以内、達成！

Step3　アウトプット

1. 暗唱（目標：5回）

暗唱　見ない ☑ ☐ ☐ ☐ ☐　　＿＿＿＿＿ 回目で達成！

2. 100％正確に書けるようになるまで、【今日の3文】を紙に書く

書く　見ない ☑ ☐ ☐ ☐ ☐　　＿＿＿＿＿ 回目で達成！

3. 🚩 GOAL!　単語を入れ替えて【私の3文】を作成

😊【私の3文】はP.95に書きましょう！ ➡

Day 31

趣味 ③

中国語 DL 34

今日の3文

① **练习弹吉他。**
Liànxí tán jítā.

② **好久没弹钢琴了。**
Hǎojiǔ méi tán gāngqín le.

③ **我喜欢拉二胡。**
Wǒ xǐhuan lā èrhú.

①ギターの練習をします。②しばらくピアノを弾いていません。③二胡を弾くのが好きです。

1. モデル音声を聞く×5

聞く 見ない | ✓ | | | | |

2. 意味を確認する

3. 100％聞き取れるようになるまで、モデル音声を聞く

聞く 見ない | ✓ | | | | | ＿＿＿＿ 回目で達成！

こんな表現も使ってみよう

拉小提琴 lā xiǎotíqín　バイオリンを弾く
吹长笛 chuī chángdí　フルートを吹く
打鼓 dǎ gǔ　ドラムをたたく

MEMO

Step2　インテイク

1. シャドーイング（テキスト見る×5、テキスト見ない×5）

聞く　見る　☑ ☐ ☐ ☐ ☐ 　　　聞く　見ない　☑ ☐ ☐ ☐ ☐

2. 音読×5（テキスト見る）

音読　見る　☑ ☐ ☐ ☐ ☐

3. 日本語訳を見て中国語フレーズを声に出して言う（目標：3文を12秒）

> チェック欄
>
> 1回目 ＿＿＿＿ 秒　　2回目 ＿＿＿＿ 秒　　3回目 ＿＿＿＿ 秒　　4回目 ＿＿＿＿ 秒
>
> 5回目 ＿＿＿＿ 秒　　　　　　　　　　　　　　　＿＿＿＿ 回目で12秒以内、達成！

Step3　アウトプット

1. 暗唱（目標：5回）

暗唱　見ない　☑ ☐ ☐ ☐ ☐ 　＿＿＿＿ 回目で達成！

2. 100％正確に書けるようになるまで、【今日の3文】を紙に書く

書く　見ない　☑ ☐ ☐ ☐ ☐ 　＿＿＿＿ 回目で達成！

3. 🚩 **GOAL!** 　単語を入れ替えて【私の3文】を作成

🐸 【私の3文】はP.95に書きましょう！ ➡

Day 32
趣味 ④

中国語 DL 35

/////// 今日の3文 ///////

① **去看演唱会。**
Qù kàn yǎnchànghuì.

② **我是他的粉丝。**
Wǒ shì tā de fěnsī.

③ **太棒了！**
Tài bàng le!

①ライブを見に行きます。②私は彼のファンです。③最高！

 Step1 **インプット**

1. モデル音声を聞く×5

聞く 見ない | ✓ | | | | |

2. 意味を確認する

3. 100％聞き取れるようになるまで、モデル音声を聞く

聞く 見ない | ✓ | | | | | ＿＿＿＿ 回目で達成！

こんな表現も使ってみよう

粉丝见面会 fěnsī jiànmiànhuì　ファンミーティング
女神 / 男神 nǚshén/nánshén　（女性 / 男性の）推し
荧光棒 yíngguāngbàng　ペンライト

MEMO

Step2 インテイク

1. シャドーイング（テキスト見る×5、テキスト見ない×5）

聞く　見る ✓ ☐ ☐ ☐ ☐　　　聞く　見ない ✓ ☐ ☐ ☐ ☐

2. 音読×5（テキスト見る）

音読　見る ✓ ☐ ☐ ☐ ☐

3. 日本語訳を見て中国語フレーズを声に出して言う（目標：3文を12秒）

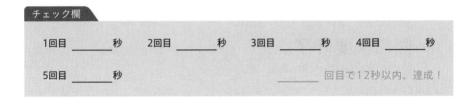

チェック欄

| 1回目 ＿＿＿秒 | 2回目 ＿＿＿秒 | 3回目 ＿＿＿秒 | 4回目 ＿＿＿秒 |

5回目 ＿＿＿秒　　　　　　　　　　　　　＿＿＿回目で12秒以内、達成！

Step3 アウトプット

1. 暗唱（目標：5回）

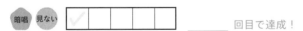

暗唱　見ない ✓ ☐ ☐ ☐ ☐　＿＿＿回目で達成！

2. 100％正確に書けるようになるまで、【今日の3文】を紙に書く

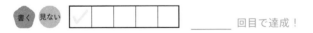

書く　見ない ✓ ☐ ☐ ☐ ☐　＿＿＿回目で達成！

3. GOAL! 単語を入れ替えて【私の3文】を作成

【私の3文】はP.95に書きましょう！ ➡

Day 33
趣味 ⑤

今日の3文

① **我的爱好是园艺。**
Wǒ de àihào shì yuányì.

② **每天给花浇水。**
Měitiān gěi huā jiāo shuǐ.

③ **樱花快要开了。**
Yīnghuā kuàiyào kāi le.

①私の趣味はガーデニングです。②毎日花に水をやります。③もうすぐ桜が咲きます。

Step1　インプット

1. モデル音声を聞く×5

聞く　見ない　✓

2. 意味を確認する

3. 100％聞き取れるようになるまで、モデル音声を聞く

聞く　見ない　✓　　　　　_____ 回目で達成！

こんな表現も使ってみよう

在院子里洒水 zài yuànzili sǎ shuǐ　庭に水をまく
绣球花 xiùqiúhuā　アジサイ
玫瑰花 méiguihuā　バラ

MEMO

Step2 インテイク

1. シャドーイング（テキスト見る×5、テキスト見ない×5）

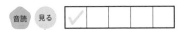 聞く 見る ☑ □ □ □ □   聞く 見ない ☑ □ □ □ □

2. 音読×5（テキスト見る）

音読 見る ☑ □ □ □ □

3. 日本語訳を見て中国語フレーズを声に出して言う（目標：3文を12秒）

チェック欄			
1回目 ＿＿＿秒	2回目 ＿＿＿秒	3回目 ＿＿＿秒	4回目 ＿＿＿秒
5回目 ＿＿＿秒			＿＿＿回目で12秒以内、達成！

Step3 アウトプット

1. 暗唱（目標：5回）

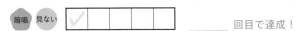 暗唱 見ない ☑ □ □ □ □ ＿＿＿回目で達成！

2. 100％正確に書けるようになるまで、【今日の3文】を紙に書く

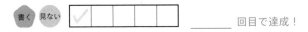 書く 見ない ☑ □ □ □ □ ＿＿＿回目で達成！

3. 🚩 GOAL! 単語を入れ替えて【私の3文】を作成

🐸 【私の3文】はP.95に書きましょう！ ➡

Day 34

趣味　復習①

※ **日本語を見ながら、中国語で言ってみよう！**

Day29〜33で覚えた15文を、日本語を見ながら、中国語で60秒以内に言えるようになるまで、声に出して言ってみましょう。

今日の15文

① 今日はゆっくり休もう。

② いい雰囲気！

③ 温泉につかってリラックスします。

④ ジムに行って運動します。

⑤ 体型を維持したいです。

⑥ まずはウォームアップから。

⑦ ギターの練習をします。

⑧ しばらくピアノを弾いていません。

⑨ 二胡を弾くのが好きです。

⑩ ライブを見に行きます。

⑪ 私は彼のファンです。

⑫ 最高！

⑬ 私の趣味はガーデニングです。

⑭ 毎日花に水をやります。

⑮ もうすぐ桜が咲きます。

全部言えましたか？　中国語でどう言ったらいいか分からなくなったときは、下記を参考にしてみてください。また、発音を確認したいときは、音声を聞いてみましょう。

① 今天好好休息一下吧。
Jīntiān hǎohāo xiūxi yíxià ba.

② 气氛不错！
Qìfēn búcuò!

③ 泡温泉轻松一下。
Pào wēnquán qīngsōng yíxià.

④ 去健身房运动。
Qù jiànshēnfáng yùndòng.

⑤ 我想保持体型。
Wǒ xiǎng bǎochí tǐxíng.

⑥ 先要做热身运动。
Xiān yào zuò rèshēn yùndòng.

⑦ 练习弹吉他。
Liànxí tán jítā.

⑧ 好久没弹钢琴了。
Hǎojiǔ méi tán gāngqín le.

⑨ 我喜欢拉二胡。
Wǒ xǐhuan lā èrhú.

⑩ 去看演唱会。
Qù kàn yǎnchànghuì.

⑪ 我是他的粉丝。
Wǒ shì tā de fěnsī.

⑫ 太棒了！
Tài bàng le!

⑬ 我的爱好是园艺。
Wǒ de àihào shì yuányì.

⑭ 每天给花浇水。
Měitiān gěi huā jiāo shuǐ.

⑮ 樱花快要开了。
Yīnghuā kuàiyào kāi le.

チェック欄

| 1回目 | 秒 | 2回目 | 秒 | 3回目 | 秒 | 4回目 | 秒 |

5回目 ＿＿＿ 秒　　　　　　　　　　　　　　＿＿＿ 回目で60秒以内、達成！

Day 35
趣味 復習②

 日本語を聞いて、すぐ中国語で言ってみよう！

Day29〜33で覚えた15文を、日本語を聞いてすぐ中国語で言えるようになるまで、声に出して言ってみましょう。

どうしても中国語が出てこない場合は、下記を参考にしてみてください。

今日の15文

① 今天好好休息一下吧。

② 气氛不错！

③ 泡温泉轻松一下。

④ 去健身房运动。

⑤ 我想保持体型。

⑥ 先要做热身运动。

⑦ 练习弹吉他。

⑧ 好久没弹钢琴了。

⑨ 我喜欢拉二胡。

⑩ 去看演唱会。

⑪ 我是他的粉丝。

⑫ 太棒了！

⑬ 我的爱好是园艺。

⑭ 每天给花浇水。

⑮ 樱花快要开了。

1週間お疲れさまでした！ 明日からも一緒に頑張りましょう!!

チェック欄
○＝すらすら言えた、△＝時々つかえた、×＝なかなか出てこなかった

1回目 ＿＿＿＿＿ 　　2回目 ＿＿＿＿＿ 　　3回目 ＿＿＿＿＿ 　　4回目 ＿＿＿＿＿

5回目 ＿＿＿＿＿ 　　　　　　　　　　＿＿＿＿＿回目ですらすら言えるようになった！

私の3文 ⑤

Day29〜33の【私の3文】は、このページに書きましょう。

① _____

② _____

③ _____

④ _____

⑤ _____

⑥ _____

⑦ _____

⑧ _____

⑨ _____

⑩ _____

⑪ _____

⑫ _____

⑬ _____

⑭ _____

⑮ _____

Day 36
趣味 ⑥

中国語 DL 39

今日の3文

① 唱卡拉OK。
Chàng kǎlā OK.

② 超好听！
Chāo hǎotīng!

③ 这首歌挺难的。
Zhè shǒu gē tǐng nán de.

①カラオケで歌います。②めっちゃ歌うまい！③この曲難しいな。

 **Step1** インプット

1. モデル音声を聞く×5

聞く 見ない ✓ □ □ □

2. 意味を確認する

3. 100％聞き取れるようになるまで、モデル音声を聞く

聞く 見ない ✓ □ □ □　　　　　　　_____ 回目で達成！

こんな表現も使ってみよう

点歌 diǎn gē　（カラオケで）曲を入れる
五音不全 wǔyīnbùquán　音痴
轮到你了 lúndào nǐ le　あなたの番ですよ

MEMO

Step2 インテイク

1. シャドーイング（テキスト見る×5、テキスト見ない×5）

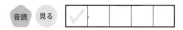

聞く　見る　☑ ☐ ☐ ☐ ☐　　　聞く　見ない　☑ ☐ ☐ ☐ ☐

2. 音読×5（テキスト見る）

音読　見る　☑ ☐ ☐ ☐ ☐

3. 日本語訳を見て中国語フレーズを声に出して言う（目標：3文を12秒）

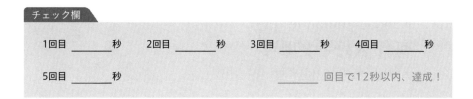

| チェック欄 |

1回目 _____ 秒　　2回目 _____ 秒　　3回目 _____ 秒　　4回目 _____ 秒

5回目 _____ 秒　　　　　　　　　　　　　_____ 回目で12秒以内、達成！

Step3 アウトプット

1. 暗唱（目標：5回）

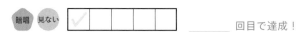

暗唱　見ない　☑ ☐ ☐ ☐ ☐　　_____ 回目で達成！

2. 100％正確に書けるようになるまで、【今日の3文】を紙に書く

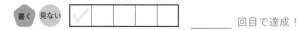

書く　見ない　☑ ☐ ☐ ☐ ☐　　_____ 回目で達成！

3. 🚩 **GOAL!**　単語を入れ替えて【私の3文】を作成

😊【私の3文】はP.109に書きましょう！ ➡

行った日： 月 日
学習時間： 分

中国語 DL 40

今日の3文

① **在家里看漫画。**
Zài jiāli kàn mànhuà.

② **看到最后了！**
Kàndào zuìhòu le!

③ **有什么好看的吗？**
Yǒu shénme hǎokàn de ma?

①家でマンガを読みます。②最後まで読んじゃった！③何か面白いの（本や映画）ある？

Step1 インプット

1. モデル音声を聞く×5

2. 意味を確認する

3. 100％聞き取れるようになるまで、モデル音声を聞く

  ＿＿＿＿＿ 回目で達成！

こんな表現も使ってみよう

玩儿游戏 wánr yóuxì　ゲームをする
宅男 / 宅女 zháinán/zháinǚ　オタク（男 / 女）
不想出去 bù xiǎng chūqù　家から出たくない

MEMO

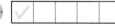

Step2 インテイク

1. シャドーイング（テキスト見る×5、テキスト見ない×5）

聞く 見る ☑ ☐ ☐ ☐ ☐   聞く 見ない ☑ ☐ ☐ ☐ ☐

2. 音読×5（テキスト見る）

音読 見る ☑ ☐ ☐ ☐ ☐

3. 日本語訳を見て中国語フレーズを声に出して言う（目標：3文を12秒）

チェック欄

1回目 _____ 秒   2回目 _____ 秒   3回目 _____ 秒   4回目 _____ 秒

5回目 _____ 秒   _____ 回目で12秒以内、達成！

Step3 アウトプット

1. 暗唱（目標：5回）

暗唱 見ない ☑ ☐ ☐ ☐ ☐   _____ 回目で達成！

2. 100％正確に書けるようになるまで、【今日の3文】を紙に書く

書く 見ない ☑ ☐ ☐ ☐ ☐   _____ 回目で達成！

3. 🚩 GOAL! 単語を入れ替えて【私の3文】を作成

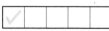 【私の3文】はP.109に書きましょう！ ➡

Day 38
趣味 ⑧

中国語 DL 41

今日の3文

① **在电影院看动画片。**
Zài diànyǐngyuàn kàn dònghuàpiàn.

② **配音太好了!**
Pèiyīn tài hǎo le!

③ **我看哭了……。**
Wǒ kànkū le…….

①映画館でアニメ映画を見ます。②声優さんの演技（吹き替え）、最高！③（見て）泣いちゃった……。

Step1 インプット

1. モデル音声を聞く×5

聞く 見ない ✓ □ □ □

2. 意味を確認する

3. 100％聞き取れるようになるまで、モデル音声を聞く

聞く 見ない ✓ □ □ □ _____ 回目で達成！

こんな表現も使ってみよう

美国电影 Měiguó diànyǐng　アメリカ映画
演员 yǎnyuán　俳優
很感动 hěn gǎndòng　感動した

MEMO

Step2 インテイク

1. シャドーイング（テキスト見る×5、テキスト見ない×5）

聞く　見る | ✓ | | | | |

聞く　見ない | ✓ | | | | |

2. 音読×5（テキスト見る）

音読　見る | ✓ | | | | |

3. 日本語訳を見て中国語フレーズを声に出して言う（目標：3文を12秒）

> **チェック欄**
>
> 1回目 _____ 秒　　2回目 _____ 秒　　3回目 _____ 秒　　4回目 _____ 秒
>
> 5回目 _____ 秒　　　　　　　　　　　　　　_____ 回目で12秒以内、達成！

Step3 アウトプット

1. 暗唱（目標：5回）

暗唱　見ない | ✓ | | | | | _____ 回目で達成！

2. 100％正確に書けるようになるまで、【今日の3文】を紙に書く

書く　見ない | ✓ | | | | | _____ 回目で達成！

3. 🚩 **GOAL!**　単語を入れ替えて【私の3文】を作成

☺ 【私の3文】はP.109に書きましょう！ ➡

Day 39

趣味 ⑨

中国語 DL 42

今日の3文

① 去主题公园。
Qù zhǔtí gōngyuán.

② 我有年卡。
Wǒ yǒu niánkǎ.

③ 花车巡游几点开始?
Huāchē xúnyóu jǐdiǎn kāishǐ?

①テーマパークへ行きます。②年間パスポートを持っています。③パレードは何時からかな?

Step1 インプット

1. モデル音声を聞く×5

聞く 見ない ☑ ☐ ☐ ☐ ☐

2. 意味を確認する

3. 100%聞き取れるようになるまで、モデル音声を聞く

聞く 見ない ☑ ☐ ☐ ☐ ☐ ＿＿＿＿＿ 回目で達成!

こんな表現も使ってみよう

那么多人排队! nàme duō rén páiduì! あんなに並んでる!
坐过山车 zuò guòshānchē ジェットコースターに乗る
烟花 yānhuā 花火

MEMO

Step2 インテイク

1. シャドーイング（テキスト見る×5、テキスト見ない×5）

聞く 見る ☑ ☐ ☐ ☐ ☐　　　聞く 見ない ☑ ☐ ☐ ☐ ☐

2. 音読×5（テキスト見る）

音読 見る ☑ ☐ ☐ ☐ ☐

3. 日本語訳を見て中国語フレーズを声に出して言う（目標：3文を12秒）

チェック欄

1回目 ＿＿＿＿秒　　2回目 ＿＿＿＿秒　　3回目 ＿＿＿＿秒　　4回目 ＿＿＿＿秒

5回目 ＿＿＿＿秒　　　　　　　　　　　　　　　　＿＿＿＿回目で12秒以内、達成！

Step3 アウトプット

1. 暗唱（目標：5回）

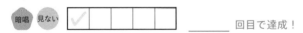

暗唱 見ない ☑ ☐ ☐ ☐ ☐　　　＿＿＿＿回目で達成！

2. 100％正確に書けるようになるまで、【今日の3文】を紙に書く

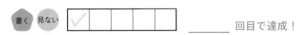

書く 見ない ☑ ☐ ☐ ☐ ☐　　　＿＿＿＿回目で達成！

3. 🚩 GOAL!　単語を入れ替えて【私の3文】を作成

🐸【私の3文】はP.109に書きましょう！➡

Day 40
趣味 ⑩

中国語 DL 43

/// 今日の3文 ///

① 做饭。
Zuò fàn.

② 外观也很重要。
Wàiguān yě hěn zhòngyào.

③ 咖喱烧糊了……。
Gālí shāohú le…….

①料理をします。②見た目も重要です。③カレーが焦げちゃった……。

Step1 インプット

1. モデル音声を聞く×5

聞く 見ない ☑☐☐☐☐

2. 意味を確認する

3. 100％聞き取れるようになるまで、モデル音声を聞く

聞く 見ない ☑☐☐☐☐ _____ 回目で達成！

こんな表現も使ってみよう

做甜点 zuò tiándiǎn　お菓子作りをする
尝尝味道 chángchang wèidao　味見をする
太咸了 tài xián le　しょっぱすぎる

MEMO

Step2 インテイク

1. シャドーイング（テキスト見る×5、テキスト見ない×5）

聞く 見る ☑ ☐ ☐ ☐ ☐　　　聞く 見ない ☑ ☐ ☐ ☐ ☐

2. 音読×5（テキスト見る）

音読 見る ☑ ☐ ☐ ☐ ☐

3. 日本語訳を見て中国語フレーズを声に出して言う（目標：3文を12秒）

チェック欄			
1回目 ＿＿＿＿秒	2回目 ＿＿＿＿秒	3回目 ＿＿＿＿秒	4回目 ＿＿＿＿秒
5回目 ＿＿＿＿秒			＿＿＿＿回目で12秒以内、達成！

Step3 アウトプット

1. 暗唱（目標：5回）

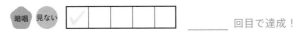

暗唱 見ない ☑ ☐ ☐ ☐ ☐　　　＿＿＿＿回目で達成！

2. 100％正確に書けるようになるまで、【今日の3文】を紙に書く

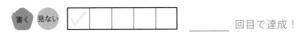

書く 見ない ☑ ☐ ☐ ☐ ☐　　　＿＿＿＿回目で達成！

3. 🚩 GOAL!　単語を入れ替えて【私の3文】を作成

【私の3文】はP.109に書きましょう！ ➡

Day 41

趣味 復習③

✳ 日本語を見ながら、中国語で言ってみよう！

Day36〜40で覚えた15文を、日本語を見ながら、中国語で60秒以内に言えるよう
になるまで、声に出して言ってみましょう。

今日の15文

① カラオケで歌います。

② めっちゃ歌うまい！

③ この曲難しいな。

④ 家でマンガを読みます。

⑤ 最後まで読んじゃった！

⑥ 何か面白いの（本や映画）ある？

⑦ 映画館でアニメ映画を見ます。

⑧ 声優さんの演技（吹き替え）、最高！

⑨ （見て）泣いちゃった……。

⑩ テーマパークへ行きます。

⑪ 年間パスポートを持っています。

⑫ パレードは何時からかな？

⑬ 料理をします。

⑭ 見た目も重要です。

⑮ カレーが焦げちゃった……。

全部言えましたか？　中国語でどう言ったらいいか分からなくなったときは、下記を参考にしてみてください。また、発音を確認したいときは、音声を聞いてみましょう。

① 唱卡拉OK。
Chàng kǎlā OK.

② 超好听！
Chāo hǎotīng!

③ 这首歌挺难的。
Zhè shǒu gē tǐng nán de.

④ 在家里看漫画。
Zài jiāli kàn mànhuà.

⑤ 看到最后了！
Kàndào zuìhòu le!

⑥ 有什么好看的吗？
Yǒu shénme hǎokàn de ma?

⑦ 在电影院看动画片。
Zài diànyǐngyuàn kàn dònghuàpiàn.

⑧ 配音太好了！
Pèiyīn tài hǎo le!

⑨ 我看哭了……。
Wǒ kànkū le…….

⑩ 去主题公园。
Qù zhǔtí gōngyuán.

⑪ 我有年卡。
Wǒ yǒu niánkǎ.

⑫ 花车巡游几点开始？
Huāchē xúnyóu jǐdiǎn kāishǐ?

⑬ 做饭。
Zuò fàn.

⑭ 外观也很重要。
Wàiguān yě hěn zhòngyào.

⑮ 咖喱烧糊了……。
Gālí shāohú le…….

チェック欄

1回目 ＿＿＿秒	2回目 ＿＿＿秒	3回目 ＿＿＿秒	4回目 ＿＿＿秒

5回目 ＿＿＿秒　　　　　　　　　　　　　　　＿＿＿回目で60秒以内、達成！

Day 42

趣味　復習④

✳ **日本語を聞いて、すぐ中国語で言ってみよう！**　日本語 DL45

Day36～40で覚えた15文を、日本語を聞いてすぐ中国語で言えるようになるまで、声に出して言ってみましょう。

どうしても中国語が出てこない場合は、下記を参考にしてみてください。

今日の15文

① 唱卡拉OK。

② 超好听！

③ 这首歌挺难的。

④ 在家里看漫画。

⑤ 看到最后了！

⑥ 有什么好看的吗？

⑦ 在电影院看动画片。

⑧ 配音太好了！

⑨ 我看哭了……。

⑩ 去主题公园。

⑪ 我有年卡。

⑫ 花车巡游几点开始？

⑬ 做饭。

⑭ 外观也很重要。

⑮ 咖喱烧糊了……。

1週間お疲れさまでした！　明日からも一緒に頑張りましょう!!

チェック欄　○=すらすら言えた、△=時々つかえた、×=なかなか出てこなかった

| 1回目 _____ | 2回目 _____ | 3回目 _____ | 4回目 _____ |

5回目 _____　　　　　　　　_____ 回目ですらすら言えるようになった！

私の3文 ⑥

Day36〜40の【私の3文】は、
このページに書きましょう。

① _____

② _____

③ _____

④ _____

⑤ _____

⑥ _____

⑦ _____

⑧ _____

⑨ _____

⑩ _____

⑪ _____

⑫ _____

⑬ _____

⑭ _____

⑮ _____

夏季老师の部屋③

使える単語を増やすヒント

　今まで何度か、舞台通訳のお仕事をさせていただきました。中国の演目を日本で公演するときに、日中双方のスタッフ間のやりとりをお手伝いする仕事です。舞台はとても華やかですが、実は非常に危険な場所なのです。

　頭上には何十キロもある照明機材がズラリと吊られていますし、舞台袖から大道具が出るときには巻き込まれないよう、細心の注意を払う必要があります。そんな中で行う通訳は非常に気を使うものでした。

　また、舞台用語については、中国語はもちろんのこと、日本語でも覚えないといけません。使いそうな言葉をあらかじめ調べるなど、事前準備は怠りませんが、実際は現場に入ってから知る言葉も多かったです。

　そんなとき、"这个，汉语怎么说？Zhège Hànyǔ zěnme shuō?"（これは中国語では何と言いますか？）"怎么写？Zěnme xiě?"（どう書きますか？）"什么意思？Shénme yìsi?"（どんな意味ですか？）などの**「言葉や意味を尋ねる表現」**が大活躍します。時には画像検索などを駆使して、日本語と中国語の専門用語を覚えていきます。

　どんな上級者でも、このようなやり方で一つひとつ使える単語を増やしています。みなさんも焦らず、着実に中国語の表現を身につけていきましょう。

MEMO

第4章
街歩きと食事
Day43～Day56

Day 43

街歩きと食事 ①

 中国語 DL 46

今日の3文

① **坐地铁几号线?**
Zuò dìtiě jǐ hào xiàn?

② **坐二号线，对吗?**
Zuò èrhàoxiàn, duì ma?

③ **在人民广场站下车。**
Zài rénmín guǎngchǎngzhàn xià chē.

①地下鉄何号線に乗りますか？②2号線に乗ればいいですか？③人民広場駅で降ります。

Step1 インプット

1. モデル音声を聞く×5

聞く　見ない　✓ □ □ □ □

2. 意味を確認する

3. 100％聞き取れるようになるまで、モデル音声を聞く

聞く　見ない　✓ □ □ □ □ ＿＿＿＿＿ 回目で達成！

こんな表現も使ってみよう

坐几路公共汽车? zuò jǐ lù gōnggòngqìchē? 何番バスに乗りますか？
在哪里换车? zài nǎlǐ huàn chē? どこで乗り換えますか？
我迷路了 wǒ mí lù le 道に迷った

MEMO

Step2　インテイク

1. シャドーイング（テキスト見る×5、テキスト見ない×5）

聞く 見る | ✓ | | | | |

聞く 見ない | ✓ | | | | |

2. 音読×5（テキスト見る）

音読 見る | ✓ | | | | |

3. 日本語訳を見て中国語フレーズを声に出して言う（目標：3文を12秒）

チェック欄

1回目 _____ 秒　　2回目 _____ 秒　　3回目 _____ 秒　　4回目 _____ 秒

5回目 _____ 秒　　　　　　　　　　　　　_____ 回目で12秒以内、達成！

Step3　アウトプット

1. 暗唱（目標：5回）

暗唱 見ない | ✓ | | | | | _____ 回目で達成！

2. 100％正確に書けるようになるまで、【今日の3文】を紙に書く

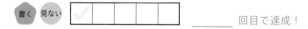

書く 見ない | ✓ | | | | | _____ 回目で達成！

3. GOAL!　単語を入れ替えて【私の3文】を作成

【私の3文】はP.127に書きましょう！

Day 44

街歩きと食事 ②

中国語 DL 47

今日の3文

① **这里是南京东路，对吗?**
Zhèli shì Nánjīng dōnglù, duì ma?

② **能不能走路去?**
Néngbunéng zǒulù qù?

③ **美食广场在哪里?**
Měishí guǎngchǎng zài nǎli?

①ここが南京東路で合っていますか？②歩いて行けますか？③フードコートはどこですか？

Step1 インプット

1. モデル音声を聞く×5

聞く 見ない ☐✓☐☐☐☐

2. 意味を確認する

3. 100％聞き取れるようになるまで、モデル音声を聞く

聞く 見ない ☐✓☐☐☐☐ ＿＿＿＿＿回目で達成！

こんな表現も使ってみよう

这家面包店 zhè jiā miànbāodiàn　このパン屋
离这里远吗? lí zhèli yuǎn ma?　ここから遠いですか？
在这里自拍一下 zài zhèli zìpāi yíxià　ここで自撮りしよう

MEMO

Step2 インテイク

1. シャドーイング（テキスト見る×5、テキスト見ない×5）

2. 音読×5（テキスト見る）

3. 日本語訳を見て中国語フレーズを声に出して言う（目標：3文を12秒）

チェック欄

1回目＿＿＿＿＿秒　　2回目＿＿＿＿＿秒　　3回目＿＿＿＿＿秒　　4回目＿＿＿＿＿秒

5回目＿＿＿＿＿秒　　　　　　　　　　　　　　＿＿＿＿＿回目で12秒以内、達成！

Step3 アウトプット

1. 暗唱（目標：5回）

＿＿＿＿＿回目で達成！

2. 100％正確に書けるようになるまで、【今日の3文】を紙に書く

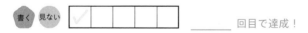

＿＿＿＿＿回目で達成！

3. 🚩 **GOAL!** 単語を入れ替えて【私の3文】を作成

🐸【私の3文】はP.127に書きましょう！ ➡

117

Day 45

街歩きと食事 ③

中国語 DL 48

 今日の3文

① 饿了。
È le.

② 很想吃蛋挞。
Hěn xiǎng chī dàntà.

③ 口渴了。
Kǒu kě le.

①お腹が空きました。②エッグタルト食べたいなぁ。③のどが渇きました。

 Step1  インプット

1. モデル音声を聞く×5

聞く 見ない ☑ □ □ □ □

2. 意味を確認する

3. 100％聞き取れるようになるまで、モデル音声を聞く

聞く 見ない ☑ □ □ □ □ ＿＿＿＿ 回目で達成！

こんな表現も使ってみよう

小笼包 xiǎolóngbāo　小籠包
糖葫芦 tánghúlu　サンザシ飴
走累了 zǒu lèi le　歩き疲れた

MEMO

Step2 インテイク

1. シャドーイング（テキスト見る×5、テキスト見ない×5）

聞く 見る ☑ ☐ ☐ ☐ ☐　　聞く 見ない ☑ ☐ ☐ ☐ ☐

2. 音読×5（テキスト見る）

音読 見る ☑ ☐ ☐ ☐ ☐

3. 日本語訳を見て中国語フレーズを声に出して言う（目標：3文を12秒）

チェック欄

1回目 ＿＿＿＿＿秒　　2回目 ＿＿＿＿＿秒　　3回目 ＿＿＿＿＿秒　　4回目 ＿＿＿＿＿秒

5回目 ＿＿＿＿＿秒　　　　　　　　　　　　　　　　　＿＿＿＿＿回目で12秒以内、達成！

Step3 アウトプット

1. 暗唱（目標：5回）

暗唱 見ない ☑ ☐ ☐ ☐ ☐　　＿＿＿＿＿回目で達成！

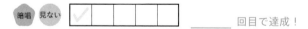

2. 100％正確に書けるようになるまで、【今日の3文】を紙に書く

書く 見ない ☑ ☐ ☐ ☐ ☐　　＿＿＿＿＿回目で達成！

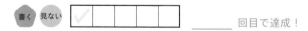

3. GOAL! 単語を入れ替えて【私の3文】を作成

😊【私の3文】はP.127に書きましょう！ ➡

Day 46

街歩きと食事 ④

中国語 DL 49

今日の3文

① 我要一杯冰拿铁。
Wǒ yào yìbēi bīngnátiě.

② 我要中杯。
Wǒ yào zhōngbēi.

③ 我要带走。
Wǒ yào dàizǒu.

①アイスカフェラテください。②（飲み物の）Mで。③テイクアウトします。

Step1 インプット

1. モデル音声を聞く×5

聞く 見ない ☑ □ □ □

2. 意味を確認する

3. 100％聞き取れるようになるまで、モデル音声を聞く

聞く 見ない ☑ □ □ □ ＿＿＿＿回目で達成！

こんな表現も使ってみよう

热拿铁 rènátiě　ホットラテ
小杯／大杯 xiǎobēi／dàbēi　（飲み物の）S／L
在这里喝 zài zhèli hē　店内で飲む

MEMO

Step2 インテイク

1. シャドーイング（テキスト見る×5、テキスト見ない×5）

聞く 見る ✓ | | | |

聞く 見ない ✓ | | | |

2. 音読×5（テキスト見る）

音読 見る ✓ | | | |

3. 日本語訳を見て中国語フレーズを声に出して言う（目標：3文を12秒）

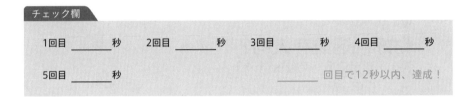

チェック欄

1回目 ＿＿＿＿＿秒　　2回目 ＿＿＿＿＿秒　　3回目 ＿＿＿＿＿秒　　4回目 ＿＿＿＿＿秒

5回目 ＿＿＿＿＿秒　　　　　　　　　　　　　　　　＿＿＿＿回目で12秒以内、達成！

Step3 アウトプット

1. 暗唱（目標：5回）

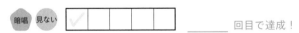

暗唱 見ない ✓ | | | |　　＿＿＿＿＿回目で達成！

2. 100％正確に書けるようになるまで、【今日の3文】を紙に書く

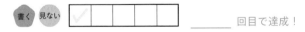

書く 見ない ✓ | | | |　　＿＿＿＿＿回目で達成！

3. GOAL! 単語を入れ替えて【私の3文】を作成

【私の3文】はP.127に書きましょう！➡

Day 47

街歩きと食事 ⑤

中国語 DL 50

今日の3文

① **加珍珠。**
Jiā zhēnzhū.

② **去冰。**
Qù bīng.

③ **你好，这里有人吗?**
Nǐhǎo, zhèli yǒu rén ma?

①タピオカ追加で。②氷抜きで。③すみません、ここ空いてますか？

Step1

インプット

1. モデル音声を聞く×5

 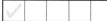

2. 意味を確認する

3. 100％聞き取れるようになるまで、モデル音声を聞く

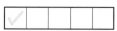 ＿＿＿＿＿回目で達成！

こんな表現も使ってみよう

奶盖 nǎigài　ミルクフォーム
奶油 nǎiyóu　ホイップクリーム
她是吃货 tā shì chīhuò　彼女は食いしん坊だ

MEMO

Step2 インテイク

1. シャドーイング（テキスト見る×5、テキスト見ない×5）

聞く　見る　☑ □ □ □ □　　　聞く　見ない　☑ □ □ □ □

2. 音読×5（テキスト見る）

音読　見る　☑ □ □ □ □

3. 日本語訳を見て中国語フレーズを声に出して言う（目標：3文を12秒）

チェック欄

1回目 _____ 秒　　2回目 _____ 秒　　3回目 _____ 秒　　4回目 _____ 秒

5回目 _____ 秒　　　　　　　　　　　　　_____ 回目で12秒以内、達成！

Step3 アウトプット

1. 暗唱（目標：5回）

 _____ 回目で達成！

2. 100％正確に書けるようになるまで、【今日の3文】を紙に書く

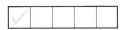 _____ 回目で達成！

3. GOAL! 単語を入れ替えて【私の3文】を作成

【私の3文】はP.127に書きましょう！ ➡

Day 48

街歩きと食事 復習①

※ **日本語を見ながら、中国語で言ってみよう！**

Day43〜47で覚えた15文を、日本語を見ながら、中国語で60秒以内に言えるように
なるまで、声に出して言ってみましょう。

今日の15文

① 地下鉄何号線に乗りますか？

② 2号線に乗ればいいですか？

③ 人民広場駅で降ります。

④ ここが南京東路で合っていますか？

⑤ 歩いて行けますか？

⑥ フードコートはどこですか？

⑦ お腹が空きました。

⑧ エッグタルト食べたいなぁ。

⑨ のどが渇きました。

⑩ アイスカフェラテください。

⑪ （飲み物の）Mで。

⑫ テイクアウトします。

⑬ タピオカ追加で。

⑭ 氷抜きで。

⑮ すみません、ここ空いてますか？

全部言えましたか？　中国語でどう言ったらいいか分からなくなったときは、下記を参考にしてみてください。また、発音を確認したいときは、音声を聞いてみましょう。

① 坐地铁几号线?
Zuò dìtiě jǐ hào xiàn?

② 坐二号线，对吗?
Zuò èrhàoxiàn, duì ma?

③ 在人民广场站下车。
Zài rénmín guǎngchǎngzhàn xià chē.

④ 这里是南京东路，对吗?
Zhèlǐ shì Nánjīng dōnglù, duì ma?

⑤ 能不能走路去?
Néngbunéng zǒulù qù?

⑥ 美食广场在哪里?
Měishí guǎngchǎng zài nǎlǐ?

⑦ 饿了。
È le.

⑧ 很想吃蛋挞。
Hěn xiǎng chī dàntà.

⑨ 口渴了。
Kǒu kě le.

⑩ 我要一杯冰拿铁。
Wǒ yào yìbēi bīngnátiě.

⑪ 我要中杯。
Wǒ yào zhōngbēi.

⑫ 我要带走。
Wǒ yào dàizǒu.

⑬ 加珍珠。
Jiā zhēnzhū.

⑭ 去冰。
Qù bīng.

⑮ 你好，这里有人吗?
Nǐhǎo, zhèlǐ yǒu rén ma?

チェック欄

| 1回目 _____ 秒 | 2回目 _____ 秒 | 3回目 _____ 秒 | 4回目 _____ 秒 |

5回目 _____ 秒　　　　　　　　　　　　_____ 回目で60秒以内、達成!

125

Day 49

街歩きと食事 復習②

※ **日本語を聞いて、すぐ中国語で言ってみよう！**

Day43〜47で覚えた15文を、日本語を聞いてすぐ中国語で言えるようになるまで、声に出して言ってみましょう。

どうしても中国語が出てこない場合は、下記を参考にしてみてください。

今日の15文

① 坐地铁几号线？

② 坐二号线，对吗？

③ 在人民广场站下车。

④ 这里是南京东路，对吗？

⑤ 能不能走路去？

⑥ 美食广场在哪里？

⑦ 饿了。

⑧ 很想吃蛋挞。

⑨ 口渴了。

⑩ 我要一杯冰拿铁。

⑪ 我要中杯

⑫ 我要带走。

⑬ 加珍珠。

⑭ 去冰。

⑮ 你好，这里有人吗？

1週間お疲れさまでした！ 明日からも一緒に頑張りましょう!!

チェック欄　○=すらすら言えた、△=時々つかえた、×=なかなか出てこなかった

1回目 ＿＿＿＿＿　　2回目 ＿＿＿＿＿　　3回目 ＿＿＿＿＿　　4回目 ＿＿＿＿＿

5回目 ＿＿＿＿＿　　　　　　　　　　＿＿＿＿＿回目ですらすら言えるようになった！

私の3文 ⑦

Day43〜47の【私の3文】は、
このページに書きましょう。

① _____

② _____

③ _____

④ _____

⑤ _____

⑥ _____

⑦ _____

⑧ _____

⑨ _____

⑩ _____

⑪ _____

⑫ _____

⑬ _____

⑭ _____

⑮ _____

Day 50
街歩きと食事 ⑥

中国語 DL 53

今日の3文

① **两个人，有座位吗?**
Liǎng ge rén, yǒu zuòwei ma?

② **那是什么菜?**
Nà shì shénme cài?

③ **我也要那个。**
Wǒ yě yào nèige.

①2人なんですが、席ありますか？②あの料理は何ですか？③私もあれをください。

Step1 インプット

1. モデル音声を聞く×5

聞く　見ない　✓ □ □ □ □

2. 意味を確認する

3. 100％聞き取れるようになるまで、モデル音声を聞く

聞く　見ない　✓ □ □ □ □ ＿＿＿＿＿ 回目で達成！

こんな表現も使ってみよう

一盘够几个人吃? yì pán gòu jǐ ge rén chī?　一皿何人前ですか？
我有过敏 wǒ yǒu guòmǐn　アレルギーがある
看起来很好吃 kànqilai hěn hǎochī　おいしそう

MEMO

Step2 インテイク

1. シャドーイング（テキスト見る×5、テキスト見ない×5）

聞く **見る** ✓ ☐ ☐ ☐ ☐　　　聞く **見ない** ✓ ☐ ☐ ☐ ☐

2. 音読×5（テキスト見る）

音読 **見る** ✓ ☐ ☐ ☐ ☐

3. 日本語訳を見て中国語フレーズを声に出して言う（目標：3文を12秒）

> チェック欄
>
> 1回目 ＿＿＿＿＿秒　　2回目 ＿＿＿＿＿秒　　3回目 ＿＿＿＿＿秒　　4回目 ＿＿＿＿＿秒
>
> 5回目 ＿＿＿＿＿秒　　　　　　　　　　　　　　　　　＿＿＿＿＿回目で12秒以内、達成！

Step3 アウトプット

1. 暗唱（目標：5回）

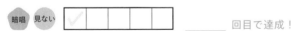

暗唱 **見ない** ✓ ☐ ☐ ☐ ☐　　＿＿＿＿＿回目で達成！

2. 100％正確に書けるようになるまで、【今日の3文】を紙に書く

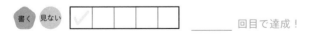

書く **見ない** ✓ ☐ ☐ ☐ ☐　　＿＿＿＿＿回目で達成！

3. 🚩 **GOAL!** 単語を入れ替えて【私の3文】を作成

😊 【私の3文】はP.141に書きましょう！ ➡

Day 51
街歩きと食事 ⑦

中国語 DL 54

今日の3文

① **我要半斤饺子。**
Wǒ yào bànjīn jiǎozi.

② **这个酱是辣的吗?**
Zhèige jiàng shì là de ma?

③ **不要放香菜。**
Búyào fàng xiāngcài.

①水餃子を半斤ください。②このタレは辛いですか？③パクチーは入れないでください。

Step1　インプット

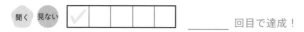

1. モデル音声を聞く×5

聞く　見ない　| ✓ | | | | |

2. 意味を確認する

3. 100％聞き取れるようになるまで、モデル音声を聞く

聞く　見ない　| ✓ | | | | |　_____ 回目で達成！

こんな表現も使ってみよう

一斤 yìjīn　約500グラム（中国で使われている重さの単位）
一个 yíge　ひとつ
辣椒 làjiāo　唐辛子

MEMO

Step2　インテイク

1. シャドーイング（テキスト見る×5、テキスト見ない×5）

聞く　見る　☑ ☐ ☐ ☐ ☐　　　　　聞く　見ない　☑ ☐ ☐ ☐ ☐

2. 音読×5（テキスト見る）

音読　見る　☑ ☐ ☐ ☐ ☐

3. 日本語訳を見て中国語フレーズを声に出して言う（目標：3文を12秒）

チェック欄

1回目 ＿＿＿＿＿ 秒　　2回目 ＿＿＿＿＿ 秒　　3回目 ＿＿＿＿＿ 秒　　4回目 ＿＿＿＿＿ 秒

5回目 ＿＿＿＿＿ 秒　　　　　　　　　　　　　＿＿＿＿＿ 回目で12秒以内、達成！

Step3　アウトプット

1. 暗唱（目標：5回）

暗唱　見ない　☑ ☐ ☐ ☐ ☐　　＿＿＿＿＿ 回目で達成！

2. 100％正確に書けるようになるまで、【今日の3文】を紙に書く

書く　見ない　☑ ☐ ☐ ☐ ☐　　＿＿＿＿＿ 回目で達成！

3. GOAL!　単語を入れ替えて【私の3文】を作成

【私の3文】はP.141に書きましょう！ ➡

中国語 DL 55

今日の3文

① 服务员!
Fúwùyuán!

② 请给我小碟子。
Qǐng gěi wǒ xiǎodiézi.

③ 请给我看一下菜单。
Qǐng gěi wǒ kàn yíxià càidān.

①すみません！（店員さん！）②取り皿をください。③メニューを見せてください。

Step1　インプット

1. モデル音声を聞く×5

  ✓

2. 意味を確認する

3. 100％聞き取れるようになるまで、モデル音声を聞く

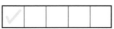 ✓ _____ 回目で達成！

こんな表現も使ってみよう

杯子 bēizi　グラス、コップ
筷子 kuàizi　箸
勺子 sháozi　スプーン

MEMO

Step2 インテイク

1. シャドーイング（テキスト見る×5、テキスト見ない×5）

聞く 見る ☑️ □ □ □ □   聞く 見ない ☑️ □ □ □ □

2. 音読×5（テキスト見る）

音読 見る ☑️ □ □ □ □

3. 日本語訳を見て中国語フレーズを声に出して言う（目標：3文を12秒）

チェック欄

1回目 _____ 秒　　2回目 _____ 秒　　3回目 _____ 秒　　4回目 _____ 秒

5回目 _____ 秒　　　　　　　　　　　　_____ 回目で12秒以内、達成！

Step3 アウトプット

1. 暗唱（目標：5回）

暗唱 見ない ☑️ □ □ □ □ _____ 回目で達成！

2. 100％正確に書けるようになるまで、【今日の3文】を紙に書く

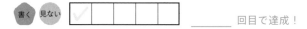

書く 見ない ☑️ □ □ □ □ _____ 回目で達成！

3. GOAL!　単語を入れ替えて【私の3文】を作成

🐸【私の3文】はP.141に書きましょう！ ➡️

Day 53

街歩きと食事 ⑨

中国語 DL 56

① 我没点这个菜。
Wǒ méi diǎn zhèige cài.

② 这个再来一碗。
Zhèige zài lái yìwǎn.

③ 吃饱了。
Chībǎo le.

①これ、頼んでいません。②これを1杯追加で。③お腹いっぱいです。

Step1 インプット

1. モデル音声を聞く×5

2. 意味を確認する

3. 100％聞き取れるようになるまで、モデル音声を聞く

 _____ 回目で達成！

こんな表現も使ってみよう

菜都齐了吗？ cài dōu qí le ma?　料理はお揃いですか？
米饭 mǐfàn　ごはん（ライス）
汤 tāng　スープ

MEMO

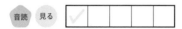

Step2　インテイク

1. シャドーイング（テキスト見る×5、テキスト見ない×5）

聞く　見る　☑☐☐☐☐　　　　聞く　見ない　☑☐☐☐☐

2. 音読×5（テキスト見る）

音読　見る　☑☐☐☐☐

3. 日本語訳を見て中国語フレーズを声に出して言う（目標：3文を12秒）

チェック欄			
1回目＿＿＿＿秒	2回目＿＿＿＿秒	3回目＿＿＿＿秒	4回目＿＿＿＿秒
5回目＿＿＿＿秒			＿＿＿＿回目で12秒以内、達成！

Step3　アウトプット

1. 暗唱（目標：5回）

暗唱　見ない　☑☐☐☐☐　＿＿＿＿回目で達成！

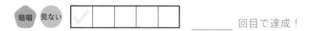

2. 100％正確に書けるようになるまで、【今日の3文】を紙に書く

書く　見ない　☑☐☐☐☐　＿＿＿＿回目で達成！

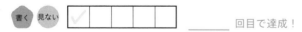

3. GOAL!　単語を入れ替えて【私の3文】を作成

【私の3文】はP.141に書きましょう！ ➡

Day 54

街歩きと食事 ⑩

中国語 DL 57

今日の3文

① **可以打包吗?**
Kěyǐ dǎbāo ma?

② **买单。**
Mǎidān.

③ **请给我发票。**
Qǐng gěi wǒ fāpiào.

① (余った料理を) 持ち帰りできますか? ②お会計お願いします。 ③領収書ください。

Step 1　インプット

1. モデル音声を聞く×5

2. 意味を確認する

3. 100%聞き取れるようになるまで、モデル音声を聞く

  _____ 回目で達成!

こんな表現も使ってみよう

可以拍照吗? kěyǐ pāizhào ma? 写真を撮ってもいいですか?
今天我请客 jīntiān wǒ qǐngkè 今日は私がおごるよ
今天 AA 吧 jīntiān AA ba 今日は割り勘にしよう

MEMO

Step2 インテイク

1. シャドーイング（テキスト見る×5、テキスト見ない×5）

聞く 見る ☑️ ☐ ☐ ☐ ☐   聞く 見ない ☑️ ☐ ☐ ☐ ☐

2. 音読×5（テキスト見る）

音読 見る ☑️ ☐ ☐ ☐ ☐

3. 日本語訳を見て中国語フレーズを声に出して言う（目標：3文を12秒）

チェック欄

1回目 ＿＿＿＿＿秒　　2回目 ＿＿＿＿＿秒　　3回目 ＿＿＿＿＿秒　　4回目 ＿＿＿＿＿秒

5回目 ＿＿＿＿＿秒　　　　　　　　　　　　　　　＿＿＿＿＿回目で12秒以内、達成！

Step3 アウトプット

1. 暗唱（目標：5回）

暗唱 見ない ☑️ ☐ ☐ ☐ ☐　＿＿＿＿＿回目で達成！

2. 100％正確に書けるようになるまで、【今日の3文】を紙に書く

書く 見ない ☑️ ☐ ☐ ☐ ☐　＿＿＿＿＿回目で達成！

3. 🚩 **GOAL!** 単語を入れ替えて【私の3文】を作成

🐸 【私の3文】はP.141に書きましょう！ ➡️

Day 55

街歩きと食事　復習③

行った日：　　　月　　　日

学習時間：　　　　　　分

❈ 日本語を見ながら、中国語で言ってみよう！

Day50〜54で覚えた15文を、<u>日本語を見ながら、中国語で60秒以内に言えるよう</u>になるまで、声に出して言ってみましょう。

今日の15文

① 2人なんですが、席ありますか？

② あの料理は何ですか？

③ 私もあれをください。

④ 水餃子を半斤ください。

⑤ このタレは辛いですか？

⑥ パクチーは入れないでください。

⑦ すみません！（店員さん！）

⑧ 取り皿をください。

⑨ メニューを見せてください。

⑩ これ、頼んでいません。

⑪ これを1杯追加で。

⑫ お腹いっぱいです。

⑬ （余った料理を）持ち帰りできますか？

⑭ お会計お願いします。

⑮ 領収書ください。

全部言えましたか？　中国語でどう言ったらいいか分からなくなったときは、下記を参考にしてみてください。また、発音を確認したいときは、音声を聞いてみましょう。

① 两个人，有座位吗？
Liǎng ge rén, yǒu zuòwei ma?

② 那是什么菜？
Nà shì shénme cài?

③ 我也要那个。
Wǒ yě yào nèige.

④ 我要半斤饺子。
Wǒ yào bànjīn jiǎozi.

⑤ 这个酱是辣的吗？
Zhèige jiàng shì là de ma?

⑥ 不要放香菜。
Búyào fàng xiāngcài.

⑦ 服务员！
Fúwùyuán!

⑧ 请给我小碟子。
Qǐng gěi wǒ xiǎodiézi.

⑨ 请给我看一下菜单。
Qǐng gěi wǒ kàn yíxià càidān.

⑩ 我没点这个菜。
Wǒ méi diǎn zhèige cài.

⑪ 这个再来一碗。
Zhèige zài lái yìwǎn.

⑫ 吃饱了。
Chībǎo le.

⑬ 可以打包吗？
Kěyǐ dǎbāo ma?

⑭ 买单。
Mǎidān.

⑮ 请给我发票。
Qǐng gěi wǒ fāpiào.

チェック欄

1回目 ＿＿＿＿＿秒　　2回目 ＿＿＿＿＿秒　　3回目 ＿＿＿＿＿秒　　4回目 ＿＿＿＿＿秒

5回目 ＿＿＿＿＿秒　　　　　　　　　　　　　＿＿＿＿＿回目で60秒以内、達成！

139

Day 56

街歩きと食事 復習④

行った日： 月 日
学習時間： 分

✳ **日本語を聞いて、すぐ中国語で言ってみよう！** 日本語 DL 59

Day50〜54で覚えた15文を、日本語を聞いてすぐ中国語で言えるようになるまで、声に出して言ってみましょう。

どうしても中国語が出てこない場合は、下記を参考にしてみてください。

今日の15文

① 两个人，有座位吗？

② 那是什么菜？

③ 我也要那个。

④ 我要半斤饺子。

⑤ 这个酱是辣的吗？

⑥ 不要放香菜。

⑦ 服务员！

⑧ 请给我小碟子。

⑨ 请给我看一下菜单。

⑩ 我没点这个菜。

⑪ 这个再来一碗。

⑫ 吃饱了。

⑬ 可以打包吗？

⑭ 买单。

⑮ 请给我发票。

1週間お疲れさまでした！ 明日からも一緒に頑張りましょう!!

チェック欄　○=すらすら言えた、△=時々つかえた、×=なかなか出てこなかった

1回目 ＿＿＿＿　　2回目 ＿＿＿＿　　3回目 ＿＿＿＿　　4回目 ＿＿＿＿

5回目 ＿＿＿＿　　　　　　　　　＿＿＿＿ 回目ですらすら言えるようになった！

私の3文 ⑧

Day50〜54の【私の3文】は、
このページに書きましょう。

① _____

② _____

③ _____

④ _____

⑤ _____

⑥ _____

⑦ _____

⑧ _____

⑨ _____

⑩ _____

⑪ _____

⑫ _____

⑬ _____

⑭ _____

⑮ _____

夏季老师の部屋④

数字の語呂合わせ

　中国の人と話していると「数字の語呂合わせが好きだなぁ」と感じることが多くあります。中でも縁起のいい数字は「八 bā（8）」。「发财 fācái（金持ちになる）」の「发 fā」と発音が似ていることから、みんな8という数字が大好きなのです。

　中国の街中で「情侣号码 qínglǚ hàomǎ（カップル番号）」という看板を見かけたことがあります。これは、恋人同士が携帯の番号を末尾違いや近い数字にするために、携帯電話番号を買うことのできるサービスです。
　また、独身を連想させる1だらけの11月11日は「光棍节 Guānggùn Jié（独身の日）」と言い、多くのECサイトでセールが行われます。大手ECサイトのアリババグループだけでも、何と7兆7700億円（2020年）を超える売り上げがあるとか！

　縁起の良くないとされる数字もあります。「四 sì（4）」は「死 sǐ（死）」と発音が似ているため、避ける傾向にあります。これは日本語と同じですね。
　以前、中国人のクライアントに「ホテルの部屋を変えてほしい」と要望されたことがありました。4階はなかったはずだけど……と部屋番号を確認したところ、514号室でした。「五一四 wǔ yāo sì（514）」（電話番号やルームナンバーを言う場合は、「一 yī」をyāoと読みます）は「我要死 wǒ yào sǐ」に発音が近く、「死んでしまいそう」という意味になってしまいます。理由を聞いて即部屋を変えたのは言うまでもありません。

中国数字アレコレ。

←11月11日は 独身の日。

5月20日は 我愛你の日。
ちょっとムリがないか。

このへんはあまり…

1314 一生一世 ずっと一緒♥

520

345 散 死 日本と同じで
単品だと縁起がよくない。

最も愛されてる 👑

数字トップ3!

6 六六大順 順調な様子。

7 起(qǐ)と同じ音で わりと良いイミ。

8 "発財"の音と似てることから。

9 久 jiǔ としえに…
ご祝儀にもよく使われる数。

🧧 紅包

6コの6とか8コの8とか9コの9とか最高。

これが6の手

こっちが8の手です

666ってよくやる

143

MEMO

第5章
買い物
Day57 ~ Day70

Day 57
買い物 ①

中国語 DL 60

今日の3文

① **这个多少钱?**
　Zhèige duōshǎo qián?

② **那个给我看看。**
　Nèige gěi wǒ kànkan.

③ **可以试一下吗?**
　Kěyǐ shì yíxià ma?

①これ、いくらですか？②あれをちょっと見せてください。③試してみてもいいですか？（服以外でもOK）

Step1 インプット

1. モデル音声を聞く×5

聞く　見ない ✓ □ □ □ □

2. 意味を確認する

3. 100%聞き取れるようになるまで、モデル音声を聞く

聞く　見ない ✓ □ □ □ □ ＿＿＿＿回目で達成！

こんな表現も使ってみよう

三百块 sānbǎi kuài　300 元
请问 qǐng wèn　お尋ねします（質問の声かけをする際の言葉）
这个不能试 zhèige bùnéng shì　これは試せません

MEMO

146

Step2　インテイク

1. シャドーイング（テキスト見る×5、テキスト見ない×5）

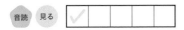

聞く　見る ☑ ☐ ☐ ☐ ☐　　　聞く　見ない ☑ ☐ ☐ ☐ ☐

2. 音読×5（テキスト見る）

音読　見る ☑ ☐ ☐ ☐ ☐

3. 日本語訳を見て中国語フレーズを声に出して言う（目標：3文を12秒）

チェック欄

1回目 _____ 秒　　2回目 _____ 秒　　3回目 _____ 秒　　4回目 _____ 秒

5回目 _____ 秒　　　　　　　　　　　　　　　_____ 回目で12秒以内、達成！

Step3　アウトプット

1. 暗唱（目標：5回）

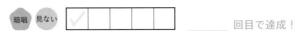

暗唱　見ない ☑ ☐ ☐ ☐ ☐　　_____ 回目で達成！

2. 100％正確に書けるようになるまで、【今日の3文】を紙に書く

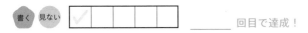

書く　見ない ☑ ☐ ☐ ☐ ☐　　_____ 回目で達成！

3. 🚩 GOAL!　単語を入れ替えて【私の3文】を作成

😊【私の3文】はP.159に書きましょう！ ➡

Day 58
買い物 ②

中国語　DL 61

今日の3文

① 这件T恤很好看！
Zhè jiàn T xù hěn hǎokàn!

② 蓝色的，有吗？
Lánsè de, yǒu ma?

③ 这个我不太喜欢。
Zhèige wǒ bú tài xǐhuan.

①このTシャツいいね！②青いのはありますか？③これはあまり好きじゃないな。

インプット

1. モデル音声を聞く×5

聞く　見ない　✓ | | | |

2. 意味を確認する

3. 100％聞き取れるようになるまで、モデル音声を聞く

聞く　見ない　✓ | | | | ＿＿＿＿回目で達成！

こんな表現も使ってみよう

这双鞋 zhè shuāng xié　　この靴
全棉的，有吗？ quánmián de, yǒu ma?　　綿100％のはありますか？
别的颜色 bié de yánsè　　他の色

MEMO

148

Step2 インテイク

1. シャドーイング（テキスト見る×5、テキスト見ない×5）

聞く　見る　☑ □ □ □ □　　聞く　見ない　☑ □ □ □ □

2. 音読×5（テキスト見る）

音読　見る　☑ □ □ □ □

3. 日本語訳を見て中国語フレーズを声に出して言う（目標：3文を12秒）

チェック欄

1回目 ＿＿＿＿＿ 秒　　2回目 ＿＿＿＿＿ 秒　　3回目 ＿＿＿＿＿ 秒　　4回目 ＿＿＿＿＿ 秒

5回目 ＿＿＿＿＿ 秒　　　　　　　　　　　　　　　＿＿＿＿＿ 回目で12秒以内、達成！

Step3 アウトプット

1. 暗唱（目標：5回）

暗唱　見ない　☑ □ □ □ □　　＿＿＿＿＿ 回目で達成！

2. 100％正確に書けるようになるまで、【今日の3文】を紙に書く

書く　見ない　☑ □ □ □ □　　＿＿＿＿＿ 回目で達成！

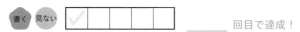

3. 🚩 GOAL！ 単語を入れ替えて【私の3文】を作成

😊【私の3文】はP.159に書きましょう！ ➡

Day 59
買い物 ③

中国語 DL 62

今日の3文

① **有点儿大。**
Yǒudiǎnr dà.

② **有小号吗?**
Yǒu xiǎohào ma?

③ **我买这个。**
Wǒ mǎi zhèige.

①少し大きいです。②小さいサイズはありますか?③これをください。

Step1　インプット

1. モデル音声を聞く×5

聞く 見ない | ✓ | | | |

2. 意味を確認する

3. 100%聞き取れるようになるまで、モデル音声を聞く

聞く 見ない | ✓ | | | | 　　　　　 回目で達成!

こんな表現も使ってみよう

短 duǎn　短い
不大不小 bú dà bù xiǎo　ぴったりです
我买两件 wǒ mǎi liǎng jiàn　2着買います

MEMO

Step2 インテイク

1. シャドーイング（テキスト見る×5、テキスト見ない×5）

聞く　見る　☑ ☐ ☐ ☐ ☐ 　　　聞く　見ない　☑ ☐ ☐ ☐ ☐

2. 音読×5（テキスト見る）

音読　見る　☑ ☐ ☐ ☐ ☐

3. 日本語訳を見て中国語フレーズを声に出して言う（目標：3文を12秒）

チェック欄

1回目 ＿＿＿＿秒　　2回目 ＿＿＿＿秒　　3回目 ＿＿＿＿秒　　4回目 ＿＿＿＿秒

5回目 ＿＿＿＿秒　　　　　　　　　　　　　　　　　＿＿回目で12秒以内、達成！

Step3 アウトプット

1. 暗唱（目標：5回）

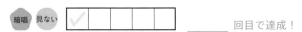

暗唱　見ない　☑ ☐ ☐ ☐ ☐ 　＿＿＿＿ 回目で達成！

2. 100％正確に書けるようになるまで、【今日の3文】を紙に書く

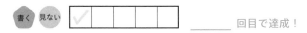

書く　見ない　☑ ☐ ☐ ☐ ☐ 　＿＿＿＿ 回目で達成！

3. 🚩 **GOAL!** 単語を入れ替えて【私の3文】を作成

【私の3文】はP.159に書きましょう！ ➡

Day 60
買い物 ④

中国語　DL 63

今日の3文

① **打八折!**
Dǎ bā zhé!

② **买一送一!**
Mǎi yī sòng yī!

③ **便宜一点儿，好吗?**
Piányi yìdiǎnr, hǎo ma?

①20%オフ（8掛け）だ！②1つ買うと1つ無料！③ちょっと安くしてもらえませんか？

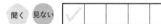

Step1　インプット

1. モデル音声を聞く×5

聞く　見ない　✓ ☐ ☐ ☐ ☐

2. 意味を確認する

3. 100％聞き取れるようになるまで、モデル音声を聞く

聞く　見ない　✓ ☐ ☐ ☐ ☐　_____ 回目で達成！

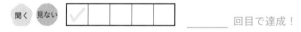

こんな表現も使ってみよう

这个不打折 zhèige bù dǎzhé　これは割引対象外です
卖完了 màiwán le　売り切れです
大甩卖 dàshuǎimài　セール

MEMO

Step2 インテイク

1. シャドーイング（テキスト見る×5、テキスト見ない×5）

聞く　見る　☑ ☐ ☐ ☐ ☐　　　　聞く　見ない　☑ ☐ ☐ ☐ ☐

2. 音読×5（テキスト見る）

音読　見る　☑ ☐ ☐ ☐ ☐

3. 日本語訳を見て中国語フレーズを声に出して言う（目標：3文を12秒）

> チェック欄
>
> 1回目 ＿＿＿＿＿秒　　2回目 ＿＿＿＿＿秒　　3回目 ＿＿＿＿＿秒　　4回目 ＿＿＿＿＿秒
>
> 5回目 ＿＿＿＿＿秒　　　　　　　　　　　　＿＿＿＿＿回目で12秒以内、達成！

Step3 アウトプット

1. 暗唱（目標：5回）

暗唱　見ない　☑ ☐ ☐ ☐ ☐　＿＿＿＿＿回目で達成！

2. 100％正確に書けるようになるまで、【今日の3文】を紙に書く

書く　見ない　☑ ☐ ☐ ☐ ☐　＿＿＿＿＿回目で達成！

3. 🚩 GOAL!　単語を入れ替えて【私の3文】を作成

 【私の3文】はP.159に書きましょう！ ➡

153

Day 61

買い物 ⑤

行った日：　　月　　日
学習時間：　　　　分

中国語 DL 64

今日の3文

① 有没有限定随行杯?
Yǒu méiyǒu xiàndìng suíxíngbēi?

② 我随便看看。
Wǒ suíbiàn kànkan.

③ 我去看看别的店。
Wǒ qù kànkan bié de diàn.

①限定のタンブラーはありますか？②ただ見ているだけです。③ほかの店も見てきます。

Step1　インプット

1. モデル音声を聞く×5

聞く　見ない　☑ □ □ □ □

2. 意味を確認する

3. 100%聞き取れるようになるまで、モデル音声を聞く

聞く　見ない　☑ □ □ □ □　_____ 回目で達成！

こんな表現も使ってみよう

新产品 xīn chǎnpǐn　新製品
马克杯 mǎkèbēi　マグカップ
手机壳 shǒujīké　スマホカバー

MEMO

Step2 インテイク

1. シャドーイング（テキスト見る×5、テキスト見ない×5）

聞く　見る　✓ ☐ ☐ ☐ ☐　　　聞く　見ない　✓ ☐ ☐ ☐ ☐

2. 音読×5（テキスト見る）

音読　見る　✓ ☐ ☐ ☐ ☐

3. 日本語訳を見て中国語フレーズを声に出して言う（目標：3文を12秒）

チェック欄			
1回目 ＿＿＿＿秒	2回目 ＿＿＿＿秒	3回目 ＿＿＿＿秒	4回目 ＿＿＿＿秒
5回目 ＿＿＿＿秒		＿＿＿＿回目で12秒以内、達成！	

Step3 アウトプット

1. 暗唱（目標：5回）

暗唱　見ない　✓ ☐ ☐ ☐ ☐　＿＿＿＿回目で達成！

2. 100％正確に書けるようになるまで、【今日の3文】を紙に書く

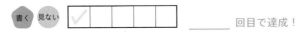

書く　見ない　✓ ☐ ☐ ☐ ☐　＿＿＿＿回目で達成！

3. **GOAL!** 　単語を入れ替えて【私の3文】を作成

【私の3文】はP.159に書きましょう！➡

Day 62

買い物 復習①

行った日：　　　月　　　日
学習時間：　　　　　分

✳ 日本語を見ながら、中国語で言ってみよう！

Day57〜61で覚えた15文を、日本語を見ながら、中国語で60秒以内に言えるようになるまで、声に出して言ってみましょう。

今日の15文

① これ、いくらですか？
② あれをちょっと見せてください。
③ 試してみてもいいですか？（服以外でもOK）
④ このTシャツいいね！
⑤ 青いのはありますか？
⑥ これはあまり好きじゃないな。
⑦ 少し大きいです。
⑧ 小さいサイズはありますか？
⑨ これをください。
⑩ 20%オフ（8掛け）だ！
⑪ 1つ買うと1つ無料！
⑫ ちょっと安くしてもらえませんか？
⑬ 限定のタンブラーはありますか？
⑭ ただ見ているだけです。
⑮ ほかの店も見てきます。

全部言えましたか？ 中国語でどう言ったらいいか分からなくなったときは、下記を参考にしてみてください。また、発音を確認したいときは、音声を聞いてみましょう。

① 这个多少钱？
Zhèige duōshǎo qián?

② 那个给我看看。
Nèige gěi wǒ kànkan.

③ 可以试一下吗？
Kěyǐ shì yíxià ma?

④ 这件T恤很好看！
Zhè jiàn T xù hěn hǎokàn!

⑤ 蓝色的，有吗？
Lánsè de, yǒu ma?

⑥ 这个我不太喜欢。
Zhèige wǒ bú tài xǐhuan.

⑦ 有点儿大。
Yǒudiǎnr dà.

⑧ 有小号吗？
Yǒu xiǎohào ma?

⑨ 我买这个。
Wǒ mǎi zhèige.

⑩ 打八折！
Dǎ bā zhé!

⑪ 买一送一！
Mǎi yī sòng yī!

⑫ 便宜一点儿，好吗？
Piányi yìdiǎnr, hǎo ma?

⑬ 有没有限定随行杯？
Yǒu méiyǒu xiàndìng suíxíngbēi?

⑭ 我随便看看。
Wǒ suíbiàn kànkan.

⑮ 我去看看别的店。
Wǒ qù kànkan bié de diàn.

チェック欄

1回目 _____ 秒　2回目 _____ 秒　3回目 _____ 秒　4回目 _____ 秒

5回目 _____ 秒　　　　　　　　　　　　　_____ 回目で60秒以内、達成！

買い物　復習②

行った日：　　　月　　　日
学習時間：　　　　　　　分

✳ 日本語を聞いて、すぐ中国語で言ってみよう！

日本語 DL 66

Day57〜61で覚えた15文を、日本語を聞いてすぐ中国語で言えるようになるまで、声に出して言ってみましょう。

どうしても中国語が出てこない場合は、下記を参考にしてみてください。

今日の15文

① 这个多少钱？

② 那个给我看看。

③ 可以试一下吗？

④ 这件T恤很好看！

⑤ 蓝色的，有吗？

⑥ 这个我不太喜欢。

⑦ 有点儿大。

⑧ 有小号吗？

⑨ 我买这个。

⑩ 打八折！

⑪ 买一送一！

⑫ 便宜一点儿，好吗？

⑬ 有没有限定随行杯？

⑭ 我随便看看。

⑮ 我去看看别的店。

1週間お疲れさまでした！　明日からも一緒に頑張りましょう!!

チェック欄

○＝すらすら言えた、△＝時々つかえた、✕＝なかなか出てこなかった

1回目 _____　　2回目 _____　　3回目 _____　　4回目 _____

5回目 _____　　_____ 回目ですらすら言えるようになった！

私の3文 ⑨

Day57〜61の【私の3文】は、
このページに書きましょう。

① _____

② _____

③ _____

④ _____

⑤ _____

⑥ _____

⑦ _____

⑧ _____

⑨ _____

⑩ _____

⑪ _____

⑫ _____

⑬ _____

⑭ _____

⑮ _____

Day 64
買い物 ⑥

今日の3文

① 去逛街。
Qù guàngjiē.

② 这是什么店?
Zhè shì shénme diàn?

③ 我在网上看过!
Wǒ zài wǎngshang kànguo!

①街をぶらぶらします。②何の店だろう？③ネットで見たことある！

Step1 インプット

1. モデル音声を聞く×5

聞く　見ない　| ✓ | | | | |

2. 意味を確認する

3. 100％聞き取れるようになるまで、モデル音声を聞く

聞く　見ない　| ✓ | | | | | ＿＿＿＿ 回目で達成！

こんな表現も使ってみよう

小红书 xiǎohóngshū　RED（SNS型ECアプリ）
淘宝网 táobǎowǎng　タオバオ（中国大手ECサイト）
微博 wēibó　ウェイボー（中国のSNS）

MEMO

Step2 インテイク

1. シャドーイング（テキスト見る×5、テキスト見ない×5）

聞く　見る　✓ □ □ □ □　　　聞く　見ない　✓ □ □ □ □

2. 音読×5（テキスト見る）

音読　見る　✓ □ □ □ □

3. 日本語訳を見て中国語フレーズを声に出して言う（目標：3文を12秒）

> チェック欄
>
> 1回目 ＿＿＿＿秒　　2回目 ＿＿＿＿秒　　3回目 ＿＿＿＿秒　　4回目 ＿＿＿＿秒
>
> 5回目 ＿＿＿＿秒　　　　　　　　　　　　　　＿＿＿＿回目で12秒以内、達成！

Step3 アウトプット

1. 暗唱（目標：5回）

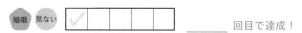

暗唱　見ない　✓ □ □ □ □　　＿＿＿＿ 回目で達成！

2. 100％正確に書けるようになるまで、【今日の3文】を紙に書く

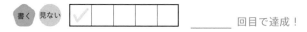

書く　見ない　✓ □ □ □ □　　＿＿＿＿ 回目で達成！

3. 🚩 GOAL!　単語を入れ替えて【私の3文】を作成

😊【私の3文】はP.173に書きましょう！ ➡

中国語　DL 68

今日の3文

① **几点开门?**
Jǐ diǎn kāi mén?

② **最受欢迎的是哪个?**
Zuì shòu huānyíng de shì něige?

③ **可以打开看看吗?**
Kěyǐ dǎkāi kànkan ma?

①何時に開店しますか？②一番人気はどれですか？③開けて、見てもいいですか？

Step1 インプット

1. モデル音声を聞く×5

2. 意味を確認する

3. 100%聞き取れるようになるまで、モデル音声を聞く

  _____ 回目で達成！

こんな表現も使ってみよう

关门 guān mén　閉店する
网红爆款 wǎnghóng bàokuǎn　ワンホン*が紹介した人気商品
流行的 liúxíng de　流行の

＊「インフルエンサー」のこと

MEMO

Step2 インテイク

1. シャドーイング（テキスト見る×5、テキスト見ない×5）

聞く　見る　☑ □ □ □ □　　　聞く　見ない　☑ □ □ □ □

2. 音読×5（テキスト見る）

音読　見る　☑ □ □ □ □

3. 日本語訳を見て中国語フレーズを声に出して言う（目標：3文を12秒）

チェック欄

1回目 ＿＿＿＿秒　　2回目 ＿＿＿＿秒　　3回目 ＿＿＿＿秒　　4回目 ＿＿＿＿秒

5回目 ＿＿＿＿秒　　　　　　　　　　　　　　＿＿＿＿回目で12秒以内、達成！

Step3 アウトプット

1. 暗唱（目標：5回）

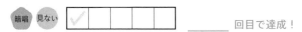

暗唱　見ない　☑ □ □ □ □　　　＿＿＿＿回目で達成！

2. 100％正確に書けるようになるまで、【今日の3文】を紙に書く

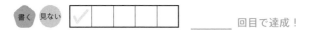

書く　見ない　☑ □ □ □ □　　　＿＿＿＿回目で達成！

3. GOAL! 単語を入れ替えて【私の3文】を作成

【私の3文】はP.173に書きましょう！ ➡

Day 66
買い物 ⑧

中国語 DL 69

///// 今日の3文 /////

① **文具在哪里卖?**
Wénjù zài nǎlǐ mài?

② **日本没有这样的。**
Rìběn méiyǒu zhèyàng de.

③ **买了好几样东西。**
Mǎi le hǎojǐ yàng dōngxi.

①文房具はどこで売っていますか？②こういうの、日本にはないね。③いろいろ買っちゃった。

Step1 インプット

1. モデル音声を聞く×5

聞く 見ない | ✓ | | | |

2. 意味を確認する

3. 100%聞き取れるようになるまで、モデル音声を聞く

聞く 見ない | ✓ | | | | _____ 回目で達成！

こんな表現も使ってみよう

我要买礼物 wǒ yào mǎi lǐwù　お土産を買わないと
旗袍 qípáo　チャイナドレス
汉服 hànfú　漢服

MEMO

Step2 インテイク

1. シャドーイング（テキスト見る×5、テキスト見ない×5）

聞く 見る ☑ ☐ ☐ ☐ ☐　　　聞く 見ない ☑ ☐ ☐ ☐ ☐

2. 音読×5（テキスト見る）

音読 見る ☑ ☐ ☐ ☐ ☐

3. 日本語訳を見て中国語フレーズを声に出して言う（目標：3文を12秒）

チェック欄

1回目 _____ 秒　　2回目 _____ 秒　　3回目 _____ 秒　　4回目 _____ 秒

5回目 _____ 秒　　　　　　　　　　　　　　_____ 回目で12秒以内、達成！

Step3 アウトプット

1. 暗唱（目標：5回）

暗唱 見ない ☑ ☐ ☐ ☐ ☐　　_____ 回目で達成！

2. 100％正確に書けるようになるまで、【今日の3文】を紙に書く

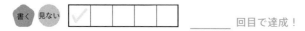

書く 見ない ☑ ☐ ☐ ☐ ☐　　_____ 回目で達成！

3. GOAL! 単語を入れ替えて【私の3文】を作成

【私の3文】はP.173に書きましょう！ ➡

Day 67
買い物 ⑨

今日の3文

① **刷卡。**
Shuā kǎ.

② **现金可以吗?**
Xiànjīn kěyǐ ma?

③ **我要袋子。**
Wǒ yào dàizi.

①カード決済にします。②現金でもいいですか？③袋ください。

Step1 インプット

1. モデル音声を聞く×5

聞く 見ない ☑☐☐☐☐

2. 意味を確認する

3. 100％聞き取れるようになるまで、モデル音声を聞く

聞く 見ない ☑☐☐☐☐　　　　＿＿＿＿＿回目で達成！

こんな表現も使ってみよう

微信支付 wēixìn zhīfù　WeChat（電子マネー）で支払う
不能用现金 bùnéng yòng xiànjīn　現金は使えません
积分 jī fēn　ポイントを貯める

MEMO

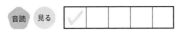

Step2 インテイク

1. シャドーイング（テキスト見る×5、テキスト見ない×5）

聞く 見る ☑ ☐ ☐ ☐ ☐　　聞く 見ない ☑ ☐ ☐ ☐ ☐

2. 音読×5（テキスト見る）

音読 見る ☑ ☐ ☐ ☐ ☐

3. 日本語訳を見て中国語フレーズを声に出して言う（目標：3文を12秒）

チェック欄

1回目 ＿＿＿＿秒	2回目 ＿＿＿＿秒	3回目 ＿＿＿＿秒	4回目 ＿＿＿＿秒

5回目 ＿＿＿＿秒　　　　　　　　　　　　　＿＿＿＿回目で12秒以内、達成！

Step3 アウトプット

1. 暗唱（目標：5回）

暗唱 見ない ☑ ☐ ☐ ☐ ☐　　＿＿＿＿回目で達成！

2. 100％正確に書けるようになるまで、【今日の3文】を紙に書く

書く 見ない ☑ ☐ ☐ ☐ ☐　　＿＿＿＿回目で達成！

3. 🚩 **GOAL!** 単語を入れ替えて【私の3文】を作成

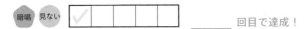
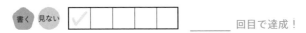

😊【私の3文】はP.173に書きましょう！ ➡

Day 68
買い物 ⑩

中国語 DL 71

今日の3文

① **双十一买什么好呢?**
Shuāngshíyī mǎi shénme hǎo ne?

② **我的东西还没到。**
Wǒ de dōngxi hái méi dào.

③ **聊天回复真快!**
Liáotiān huífù zhēn kuài!

①独身の日*、何を買おうかな？②商品がまだ届きません。③すぐチャットの返事が来た！

Step1 インプット

1. モデル音声を聞く×5

 ✓

2. 意味を確認する

3. 100％聞き取れるようになるまで、モデル音声を聞く

 ✓ ＿＿＿＿＿ 回目で達成！

こんな表現も使ってみよう

退货 tuì huò　返品する
发货 fā huò　発送する
国际禁运品 guójì jìnyùnpǐn　国際禁輸品

MEMO

＊ 11 月 11 日。中国では超大型セールが行われる

Step2 インテイク

1. シャドーイング（テキスト見る×5、テキスト見ない×5）

聞く 見る ☑ ☐ ☐ ☐ ☐　　　　聞く 見ない ☑ ☐ ☐ ☐ ☐

2. 音読×5（テキスト見る）

音読 見る ☑ ☐ ☐ ☐ ☐

3. 日本語訳を見て中国語フレーズを声に出して言う（目標：3文を12秒）

チェック欄

1回目 _____ 秒　　2回目 _____ 秒　　3回目 _____ 秒　　4回目 _____ 秒

5回目 _____ 秒　　　　　　　　　　　　　　　　回目で12秒以内、達成！

Step3 アウトプット

1. 暗唱（目標：5回）

 _____ 回目で達成！

2. 100%正確に書けるようになるまで、【今日の3文】を紙に書く

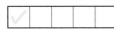 _____ 回目で達成！

3. GOAL! 単語を入れ替えて【私の3文】を作成

😊【私の3文】はP.173に書きましょう！ ➡

169

行った日： 　　　月　　　日
学習時間： 　　　　　　分

買い物　復習③

✳ 日本語を見ながら、中国語で言ってみよう！

Day64〜68で覚えた15文を、日本語を見ながら、中国語で60秒以内に言えるようになるまで、声に出して言ってみましょう。

今日の15文

① 街をぶらぶらします。

② 何の店だろう？

③ ネットで見たことある！

④ 何時に開店しますか？

⑤ 一番人気はどれですか？

⑥ 開けて、見てもいいですか？

⑦ 文房具はどこで売っていますか？

⑧ こういうの、日本にはないね。

⑨ いろいろ買っちゃった。

⑩ カード決済にします。

⑪ 現金でもいいですか？

⑫ 袋ください。

⑬ 独身の日、何を買おうかな？

⑭ 商品がまだ届きません。

⑮ すぐチャットの返事が来た！

全部言えましたか？　中国語でどう言ったらいいか分からなくなったときは、下記を参考にしてみてください。また、発音を確認したいときは、音声を聞いてみましょう。

① **去逛街。**
Qù guàngjiē.

② **这是什么店?**
Zhè shì shénme diàn?

③ **我在网上看过!**
Wǒ zài wǎngshang kànguo!

④ **几点开门?**
Jǐ diǎn kāi mén?

⑤ **最受欢迎的是哪个?**
Zuì shòu huānyíng de shì něige?

⑥ **可以打开看看吗?**
Kěyǐ dǎkāi kànkan ma?

⑦ **文具在哪里卖?**
Wénjù zài nǎlǐ mài?

⑧ **日本没有这样的。**
Rìběn méiyǒu zhèyàng de.

⑨ **买了好几样东西。**
Mǎi le hǎojǐ yàng dōngxi.

⑩ **刷卡。**
Shuā kǎ.

⑪ **现金可以吗?**
Xiànjīn kěyǐ ma?

⑫ **我要袋子。**
Wǒ yào dàizi.

⑬ **双十一买什么好呢?**
Shuāngshíyī mǎi shénme hǎo ne?

⑭ **我的东西还没到。**
Wǒ de dōngxi hái méi dào.

⑮ **聊天回复真快!**
Liáotiān huífù zhēn kuài!

チェック欄

1回目 _____ 秒	2回目 _____ 秒	3回目 _____ 秒	4回目 _____ 秒

5回目 _____ 秒 　　　　　　　　　　　　　_____ 回目で60秒以内、達成!

✳ 日本語を聞いて、すぐ中国語で言ってみよう！

Day64～68で覚えた15文を、<u>日本語を聞いてすぐ中国語で言える</u>ようになるまで、声に出して言ってみましょう。

どうしても中国語が出てこない場合は、下記を参考にしてみてください。

今日の15文

① 去逛街。

② 这是什么店?

③ 我在网上看过!

④ 几点开门?

⑤ 最受欢迎的是哪个?

⑥ 可以打开看看吗?

⑦ 文具在哪里卖?

⑧ 日本没有这样的。

⑨ 买了好几样东西。

⑩ 刷卡。

⑪ 现金可以吗?

⑫ 我要袋子。

⑬ 双十一买什么好呢?

⑭ 我的东西还没到。

⑮ 聊天回复真快!

1週間お疲れさまでした！ 明日からも一緒に頑張りましょう!!

チェック欄 ○=すらすら言えた、△=時々つかえた、×=なかなか出てこなかった

| 1回目 _____ | 2回目 _____ | 3回目 _____ | 4回目 _____ |

| 5回目 _____ | _____ 回目ですらすら言えるようになった！ |

私の3文 ⑩

Day64〜68の【私の3文】は、
このページに書きましょう。

① _____

② _____

③ _____

④ _____

⑤ _____

⑥ _____

⑦ _____

⑧ _____

⑨ _____

⑩ _____

⑪ _____

⑫ _____

⑬ _____

⑭ _____

⑮ _____

夏季老师の部屋⑤

趣味×中国語のススメ

　私は地道な努力が苦手なので、どうすれば勉強がつらくならないか、常に考えています。中国ドラマは時代劇が多い印象ですが、現代ドラマも数多くあり、今どきの中国語や社会問題なども知ることができます。私のおすすめを3つ紹介します！

おすすめ⭐1　「流星花園（流星花园）」

言わずとしれた日本のマンガ「花より男子」の実写版ドラマ。私もこれで会話表現を勉強しました。別バージョンの「流星花園2018」もあり、こちらはNetflixで配信中です。ラブコメなので分かりやすい！

おすすめ⭐2　「以家人之名（以家人之名）」

血の繋がらない3人の兄妹のドラマです。子役の演技で泣かされ、主役の3人の仲睦まじさに非常に癒やされます。

おすすめ⭐3　「羅小黒〈ロシャオヘイ〉戦記（罗小黑战记）」

美しい背景、魅力的なキャラクター、戦闘シーンのスピード感！　どれをとってもおすすめのアニメ作品です。声優さんの美しい、かっこいい、かわいい中国語が聞けるのもアニメならでは！

　また、普段遊んでいるゲームを中国語に切り替えて遊ぶのもいいですね。私は「リングフィットアドベンチャー」を中国語でプレイしていますが、運動と勉強を一度にできて楽しいです！

MYおすすめ チャイナドラマ&アニメ
推荐! tuī jiàn

その1.
「以家人之名」

見てる時の私の顔ずっとこんな。↓
iPad

血の繋がらない3兄妹の話。主役の3人の仲睦まじさが尊すぎて布教シートまで作りました‥

その2.
「流星花園」

200◯年に台湾で制作されメガヒットの。リメイク版も。

日本のマンガ「花より男子」実写版! 私もこれで会話表現を勉強しました。

その3.
「羅小黒戦記」
ロシャオヘイ戦記

日本でも公開されたアニメ作品。美しい背景と魅力的なキャラクター、戦闘シーンのスピード感!! 声優さんのかっこかわいい中国語が聞けるのもアニメならでは!

MEMO

第6章
コミュニケーション
Day71~Day84

Day 71

コミュニケーション ①

行った日： 月 日
学習時間： 分

中国語 DL 74

//////// 今日の3文 ////////

① **你是哪里人?**
Nǐ shì nǎlǐ rén?

② **你的日语很棒!**
Nǐ de Rìyǔ hěn bàng!

③ **我们交朋友吧!**
Wǒmen jiāo péngyou ba!

①どこの出身ですか？②日本語上手ですね！③友達になろう！

Step1 インプット

1. モデル音声を聞く×5

聞く 見ない ☐✓☐☐☐☐

2. 意味を確認する

3. 100％聞き取れるようになるまで、モデル音声を聞く

聞く 見ない ☐✓☐☐☐☐ _____ 回目で達成！

こんな表現も使ってみよう

北京 Běijīng　北京
辽宁省 Liáoníng Shěng　遼寧省
过奖了 guòjiǎng le　まだまだです

MEMO

Step2　インテイク

1. シャドーイング（テキスト見る×5、テキスト見ない×5）

聞く　見る　☑ ☐ ☐ ☐ ☐　　　聞く　見ない　☑ ☐ ☐ ☐ ☐

2. 音読×5（テキスト見る）

音読　見る　☑ ☐ ☐ ☐ ☐

3. 日本語訳を見て中国語フレーズを声に出して言う（目標：3文を12秒）

チェック欄

1回目 ＿＿＿＿＿秒　　2回目 ＿＿＿＿＿秒　　3回目 ＿＿＿＿＿秒　　4回目 ＿＿＿＿＿秒

5回目 ＿＿＿＿＿秒　　　　　　　　　　　　　　　＿＿＿＿＿回目で12秒以内、達成！

Step3　アウトプット

1. 暗唱（目標：5回）

暗唱　見ない　☑ ☐ ☐ ☐ ☐　　＿＿＿＿＿回目で達成！

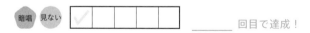

2. 100％正確に書けるようになるまで、【今日の3文】を紙に書く

書く　見ない　☑ ☐ ☐ ☐ ☐　　＿＿＿＿＿回目で達成！

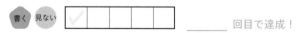

3. 🚩 GOAL!　単語を入れ替えて【私の3文】を作成

😊【私の3文】はP.191に書きましょう！➡

Day 72
コミュニケーション ②

中国語 DL75

今日の3文

① 加微信吧。
Jiā Wēixìn ba.

② 我扫你。
Wǒ sǎo nǐ.

③ 常联系!
Cháng liánxi!

①WeChatを交換しよう。②私が（あなたのQRコードを）スキャンするね。③こまめに連絡を取り合いましょう!

Step1 インプット

1. モデル音声を聞く×5

聞く 見ない | ✓ | | | |

2. 意味を確認する

3. 100％聞き取れるようになるまで、モデル音声を聞く

聞く 見ない | ✓ | | | | ＿＿＿ 回目で達成!

こんな表現も使ってみよう

把前男友拉黑 bǎ qiánnányǒu lā hēi　元カレをブロックする
告诉我你的微信号 gàosu wǒ nǐ de wēixìnhào　WeChatのIDを教えて
加好友 jiā hǎoyǒu　友達に追加する

MEMO

Step2 インテイク

1. シャドーイング（テキスト見る×5、テキスト見ない×5）

聞く 見る ☑ □ □ □ □   聞く 見ない ☑ □ □ □ □

2. 音読×5（テキスト見る）

音読 見る ☑ □ □ □ □

3. 日本語訳を見て中国語フレーズを声に出して言う（目標：3文を12秒）

チェック欄

1回目 ＿＿＿＿秒　　2回目 ＿＿＿＿秒　　3回目 ＿＿＿＿秒　　4回目 ＿＿＿＿秒

5回目 ＿＿＿＿秒　　　　　　　　　　　　　　＿＿＿＿回目で12秒以内、達成！

Step3 アウトプット

1. 暗唱（目標：5回）

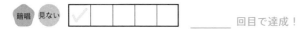

暗唱 見ない ☑ □ □ □ □　　＿＿＿＿回目で達成！

2. 100％正確に書けるようになるまで、【今日の3文】を紙に書く

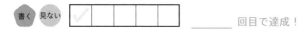

書く 見ない ☑ □ □ □ □　　＿＿＿＿回目で達成！

3. GOAL! 　単語を入れ替えて【私の3文】を作成

【私の3文】はP.191に書きましょう！

Day 73

コミュニケーション ③

中国語 DL 76

/// 今日の3文 ///

① **现在有时间吗？**
Xiànzài yǒu shíjiān ma?

② **这个表情包好好笑！**
Zhèige biǎoqíngbāo hǎo hǎoxiào!

③ **我也要。**
Wǒ yě yào.

①今、時間ある？②このスタンプ（ステッカー）面白い！③私も欲しい。

Step1 インプット

1. モデル音声を聞く×5

聞く 見ない | ✓ | | | |

2. 意味を確認する

3. 100％聞き取れるようになるまで、モデル音声を聞く

聞く 見ない | ✓ | | | | | _____ 回目で達成！

こんな表現も使ってみよう

好啊！ hǎo a! いいよ！
对不起 duìbuqǐ ごめんなさい
头像 tóuxiàng アイコン

MEMO

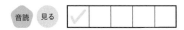

Step2 インテイク

1. シャドーイング（テキスト見る×5、テキスト見ない×5）

聞く 見る ✓ □□□□　　　聞く 見ない ✓ □□□□

2. 音読×5（テキスト見る）

音読 見る ✓ □□□□

3. 日本語訳を見て中国語フレーズを声に出して言う（目標：3文を12秒）

チェック欄			
1回目 ＿＿＿＿秒	2回目 ＿＿＿＿秒	3回目 ＿＿＿＿秒	4回目 ＿＿＿＿秒
5回目 ＿＿＿＿秒			＿＿＿＿回目で12秒以内、達成！

Step3 アウトプット

1. 暗唱（目標：5回）

暗唱 見ない ✓ □□□□　＿＿＿＿回目で達成！

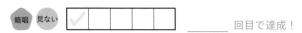

2. 100％正確に書けるようになるまで、【今日の3文】を紙に書く

書く 見ない ✓ □□□□　＿＿＿＿回目で達成！

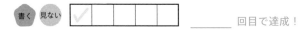

3. GOAL! 単語を入れ替えて【私の3文】を作成

【私の3文】はP.191に書きましょう！➡

Day 74

コミュニケーション④

 今日の3文

① **你学日语几年了？**
Nǐ xué Rìyǔ jǐ nián le?

② **中文的发音非常难。**
Zhōngwén de fāyīn fēicháng nán.

③ **比英语好学多了。**
Bǐ Yīngyǔ hǎoxuéduō le.

①日本語を勉強して何年になりますか？②中国語の発音は難しいです。③英語よりは学びやすいです。

 Step1 インプット

1. モデル音声を聞く×5

聞く 見ない ☑ □ □ □

2. 意味を確認する

3. 100％聞き取れるようになるまで、モデル音声を聞く

聞く 見ない ☑ □ □ □ □ ＿＿＿ 回目で達成！

こんな表現も使ってみよう

说得很流利 shuōde hěn liúlì　話すのが流暢だ
像中国人一样 xiàng zhōngguórén yíyàng　中国人のようだ
韩语 Hányǔ　韓国語

MEMO

Step2 インテイク

1. シャドーイング（テキスト見る×5、テキスト見ない×5）

聞く　見る ✓ ☐ ☐ ☐ ☐ 　　　　聞く　見ない ✓ ☐ ☐ ☐ ☐

2. 音読×5（テキスト見る）

音読　見る ✓ ☐ ☐ ☐ ☐

3. 日本語訳を見て中国語フレーズを声に出して言う（目標：3文を12秒）

チェック欄

1回目 ＿＿＿＿秒　　2回目 ＿＿＿＿秒　　3回目 ＿＿＿＿秒　　4回目 ＿＿＿＿秒

5回目 ＿＿＿＿秒　　　　　　　　　　　　　　＿＿＿＿回目で12秒以内、達成！

Step3 アウトプット

1. 暗唱（目標：5回）

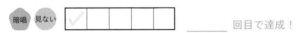

暗唱　見ない ✓ ☐ ☐ ☐ ☐ 　＿＿＿＿回目で達成！

2. 100％正確に書けるようになるまで、【今日の3文】を紙に書く

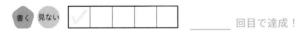

書く　見ない ✓ ☐ ☐ ☐ ☐ 　＿＿＿＿回目で達成！

3. 🚩 GOAL! 単語を入れ替えて【私の3文】を作成

😊【私の3文】はP.191に書きましょう！ ➡

中国語 DL 78

今日の3文

① **考试考得怎么样?**
Kǎoshì kǎode zěnmeyàng?

② **考得不好……。**
Kǎode bù hǎo…….

③ **下次我一定会努力!**
Xiàcì wǒ yídìng huì nǔlì!

①テスト、どうだった？②（テストが）ダメだった……。③次は絶対に頑張る！

Step1 インプット

1. モデル音声を聞く×5

聞く 見ない | ✓ | | | | |

2. 意味を確認する

3. 100％聞き取れるようになるまで、モデル音声を聞く

聞く 見ない | ✓ | | | | | ＿＿＿＿＿ 回目で達成！

こんな表現も使ってみよう

太惨了 tài cǎn le　悲惨だった
有进步了 yǒu jìnbù le　レベルアップした
加油! jiāyóu !　頑張れ!

MEMO

Step2 インテイク

1. シャドーイング（テキスト見る×5、テキスト見ない×5）

聞く 見る ✓ □ □ □ □   聞く 見ない ✓ □ □ □ □

2. 音読×5（テキスト見る）

音読 見る ✓ □ □ □ □

3. 日本語訳を見て中国語フレーズを声に出して言う（目標：3文を12秒）

チェック欄

1回目 _____ 秒　　2回目 _____ 秒　　3回目 _____ 秒　　4回目 _____ 秒

5回目 _____ 秒　　　　　　　　　　　　_____ 回目で12秒以内、達成！

Step3 アウトプット

1. 暗唱（目標：5回）

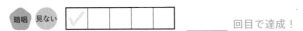

暗唱 見ない ✓ □ □ □ □ 　_____ 回目で達成！

2. 100％正確に書けるようになるまで、【今日の3文】を紙に書く

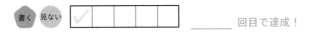

書く 見ない ✓ □ □ □ □ 　_____ 回目で達成！

3. 🚩 GOAL!　単語を入れ替えて【私の3文】を作成

😊 【私の3文】はP.191に書きましょう！ ➡

Day 76

コミュニケーション 復習①

✳ 日本語を見ながら、中国語で言ってみよう！

Day71〜75で覚えた15文を、日本語を見ながら、中国語で60秒以内に言えるようになるまで、声に出して言ってみましょう。

今日の15文

① どこの出身ですか？

② 日本語上手ですね！

③ 友達になろう！

④ WeChatを交換しよう。

⑤ 私が（あなたのQRコードを）スキャンするね。

⑥ こまめに連絡を取り合いましょう！

⑦ 今、時間ある？

⑧ このスタンプ（ステッカー）面白い！

⑨ 私も欲しい。

⑩ 日本語を勉強して何年になりますか？

⑪ 中国語の発音は難しいです。

⑫ 英語よりは学びやすいです。

⑬ テストどうだった？

⑭ （テストが）ダメだった……。

⑮ 次は絶対に頑張る！

全部言えましたか？　中国語でどう言ったらいいか分からなくなったときは、下記を参考にしてみてください。また、発音を確認したいときは、音声を聞いてみましょう。

① 你是哪里人？
Nǐ shì nǎlǐ rén?

② 你的日语很棒！
Nǐ de Rìyǔ hěn bàng!

③ 我们交朋友吧！
Wǒmen jiāo péngyou ba!

④ 加微信吧。
Jiā Wēixìn ba.

⑤ 我扫你。
Wǒ sǎo nǐ.

⑥ 常联系！
Cháng liánxi!

⑦ 现在有时间吗？
Xiànzài yǒu shíjiān ma?

⑧ 这个表情包好好笑！
Zhèige biǎoqíngbāo hǎo hǎoxiào!

⑨ 我也要。
Wǒ yě yào.

⑩ 你学日语几年了？
Nǐ xué Rìyǔ jǐ nián le?

⑪ 中文的发音非常难。
Zhōngwén de fāyīn fēicháng nán.

⑫ 比英语好学多了。
Bǐ Yīngyǔ hǎoxuéduō le.

⑬ 考试考得怎么样？
Kǎoshì kǎode zěnmeyàng?

⑭ 考得不好……。
Kǎode bù hǎo…….

⑮ 下次我一定会努力！
Xiàcì wǒ yídìng huì nǔlì!

チェック欄

1回目 ＿＿＿＿ 秒	2回目 ＿＿＿＿ 秒	3回目 ＿＿＿＿ 秒	4回目 ＿＿＿＿ 秒

5回目 ＿＿＿＿ 秒　　　　　　　　　　　　　　　＿＿＿＿ 回目で60秒以内、達成！

✳ 日本語を聞いて、すぐ中国語で言ってみよう！　日本語 DL 80

Day71～75で覚えた15文を、<u>日本語を聞いてすぐ中国語で言える</u>ようになるまで、声に出して言ってみましょう。

どうしても中国語が出てこない場合は、下記を参考にしてみてください。

今日の15文

① 你是哪里人？

② 你的日语很棒！

③ 我们交朋友吧！

④ 加微信吧。

⑤ 我扫你。

⑥ 常联系！

⑦ 现在有时间吗？

⑧ 这个表情包好好笑！

⑨ 我也要。

⑩ 你学日语几年了？

⑪ 中文的发音非常难。

⑫ 比英语好学多了。

⑬ 考试考得怎么样？

⑭ 考得不好……。

⑮ 下次我一定会努力！

1週間お疲れさまでした！　明日からも一緒に頑張りましょう!!

チェック欄　　○=すらすら言えた、△=時々つかえた、×=なかなか出てこなかった

1回目 ＿＿＿＿＿　　2回目 ＿＿＿＿＿　　3回目 ＿＿＿＿＿　　4回目 ＿＿＿＿＿

5回目 ＿＿＿＿＿　　　　　　　＿＿＿＿＿回目ですらすら言えるようになった！

私の3文 ⑪

Day71〜75の【私の3文】は、
このページに書きましょう。

① _____

② _____

③ _____

④ _____

⑤ _____

⑥ _____

⑦ _____

⑧ _____

⑨ _____

⑩ _____

⑪ _____

⑫ _____

⑬ _____

⑭ _____

⑮ _____

中国語 DL 81

今日の3文

① **现在你方便视频吗？**
Xiànzài nǐ fāngbiàn shìpín ma?

② **听不清。**
Tīngbuqīng.

③ **看不见共享屏幕。**
Kànbujiàn gòngxiǎng píngmù.

①今、ビデオ通話できますか？②音がよく聞こえません。③共有画面が見られません。

Step1 インプット

1. モデル音声を聞く×5

聞く 見ない | ✓ | | | |

2. 意味を確認する

3. 100％聞き取れるようになるまで、モデル音声を聞く

聞く 見ない | ✓ | | | | ＿＿＿＿＿ 回目で達成！

こんな表現も使ってみよう

发语音 fā yǔyīn　音声メッセージを送る
链接打不开 liànjiē dǎbukāi　リンクを開けない
有回音 yǒu huíyīn　エコーが起きている

MEMO

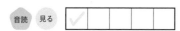

Step2　インテイク

1. シャドーイング（テキスト見る×5、テキスト見ない×5）

聞く　見る　✓ ☐ ☐ ☐ ☐ 　　　　聞く　見ない　✓ ☐ ☐ ☐ ☐

2. 音読×5（テキスト見る）

音読　見る　✓ ☐ ☐ ☐ ☐

3. 日本語訳を見て中国語フレーズを声に出して言う（目標：3文を12秒）

チェック欄

1回目 ＿＿＿＿秒　　2回目 ＿＿＿＿秒　　3回目 ＿＿＿＿秒　　4回目 ＿＿＿＿秒

5回目 ＿＿＿＿秒　　　　　　　　　　　　　　　　＿＿＿＿回目で12秒以内、達成！

Step3　アウトプット

1. 暗唱（目標：5回）

暗唱　見ない　✓ ☐ ☐ ☐ ☐ 　＿＿＿＿回目で達成！

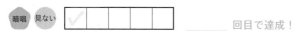

2. 100％正確に書けるようになるまで、【今日の3文】を紙に書く

書く　見ない　✓ ☐ ☐ ☐ ☐ 　＿＿＿＿回目で達成！

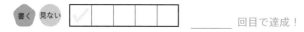

3. 🚩 GOAL!　単語を入れ替えて【私の3文】を作成

😊【私の3文】はP.205に書きましょう！ ➡

Day 79

コミュニケーション ⑦

中国語 DL 82

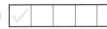

今日の3文

① 今天网络不稳定。
Jīntiān wǎngluò bù wěndìng.

② 重新启动电脑。
Chóngxīn qǐdòng diànnǎo.

③ 可以录制视频吗?
Kěyǐ lùzhì shìpín ma?

①今日はネットが不安定です。②パソコンを再起動します。③録画してもいいですか?

Step1　インプット

1. モデル音声を聞く×5

聞く　見ない　☑

2. 意味を確認する

3. 100％聞き取れるようになるまで、モデル音声を聞く

聞く　見ない　☑　　　　　　　　＿＿＿＿＿ 回目で達成！

こんな表現も使ってみよう

Wi-Fi 密码是多少? Wi-Fi mìmǎ shì duōshǎo?　Wi-Fi のパスワードは?
无法下载 wúfǎ xiàzài　ダウンロードできない
戴耳机 / 麦克风 dài ěrjī/màikèfēng　イヤホン / マイクをつける

MEMO

Step2　インテイク

1. シャドーイング（テキスト見る×5、テキスト見ない×5）

聞く　見る　☑ ☐ ☐ ☐ ☐　　　　聞く　見ない　☑ ☐ ☐ ☐ ☐

2. 音読×5（テキスト見る）

音読　見る　☑ ☐ ☐ ☐ ☐

3. 日本語訳を見て中国語フレーズを声に出して言う（目標：3文を12秒）

チェック欄

1回目 ＿＿＿＿＿秒　　2回目 ＿＿＿＿＿秒　　3回目 ＿＿＿＿＿秒　　4回目 ＿＿＿＿＿秒

5回目 ＿＿＿＿＿秒　　　　　　　　　　　　　＿＿＿＿＿回目で12秒以内、達成！

Step3　アウトプット

1. 暗唱（目標：5回）

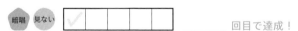

暗唱　見ない　☑ ☐ ☐ ☐ ☐　＿＿＿＿＿回目で達成！

2. 100％正確に書けるようになるまで、【今日の3文】を紙に書く

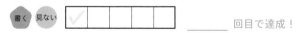

書く　見ない　☑ ☐ ☐ ☐ ☐　＿＿＿＿＿回目で達成！

3. GOAL!　単語を入れ替えて【私の3文】を作成

【私の3文】はP.205に書きましょう！➡

Day 80
コミュニケーション ⑧

中国語 DL 83

今日の3文

① **你最近怎么样?**
Nǐ zuìjìn zěnmeyàng?

② **我和男朋友分手了。**
Wǒ hé nánpéngyou fēnshǒu le.

③ **别伤心，我陪你去散散心吧。**
Bié shāngxīn, wǒ péi nǐ qù sànsan xīn ba.

①最近どう？②彼氏と別れたんだ。③悲しまないで、気晴らしにつきあうよ。

Step1 インプット

1. モデル音声を聞く×5

聞く 見ない ☑ □ □ □

2. 意味を確認する

3. 100%聞き取れるようになるまで、モデル音声を聞く

聞く 見ない ☑ □ □ □ _____ 回目で達成！

こんな表現も使ってみよう

女朋友 nǚpéngyou 彼女
不会吧! bú huì ba! 嘘でしょ！
别哭了 bié kū le 泣かないで

MEMO

196

Step2 インテイク

1. シャドーイング（テキスト見る×5、テキスト見ない×5）

聞く 見る ✓ ☐ ☐ ☐ ☐　　　聞く 見ない ✓ ☐ ☐ ☐ ☐

2. 音読×5（テキスト見る）

音読 見る ✓ ☐ ☐ ☐ ☐

3. 日本語訳を見て中国語フレーズを声に出して言う（目標：3文を12秒）

チェック欄

1回目 _____ 秒　　2回目 _____ 秒　　3回目 _____ 秒　　4回目 _____ 秒

5回目 _____ 秒　　　　　　　　　　　　　　_____ 回目で12秒以内、達成！

Step3 アウトプット

1. 暗唱（目標：5回）

暗唱 見ない ✓ ☐ ☐ ☐ ☐　　_____ 回目で達成！

2. 100％正確に書けるようになるまで、【今日の3文】を紙に書く

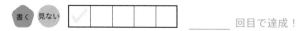

書く 見ない ✓ ☐ ☐ ☐ ☐　　_____ 回目で達成！

3. 🚩 **GOAL!**　単語を入れ替えて【私の3文】を作成

😊【私の3文】はP.205に書きましょう！ ➡

中国語 DL 84

今日の3文

① **需要帮忙吗?**
Xūyào bāngmáng ma?

② **慢点儿说，好吗?**
Màn diǎnr shuō, hǎo ma?

③ **请在这里写一下。**
Qǐng zài zhèli xiě yíxià.

①何かお困りですか？②ゆっくり話してもらえますか？③ここに書いてください。

Step1　インプット

1. モデル音声を聞く×5

聞く　見ない　☑□□□□

2. 意味を確認する

3. 100％聞き取れるようになるまで、モデル音声を聞く

聞く　見ない　☑□□□□□　　_____ 回目で達成！

こんな表現も使ってみよう

我也不认识 wǒ yě bú rènshi　私も知りません
给我看一下 gěi wǒ kàn yíxià　見せてください
我在网上查一下 wǒ zài wǎngshang chá yíxià　ネットで調べてみます

MEMO

Step2　インテイク

1. シャドーイング（テキスト見る×5、テキスト見ない×5）

聞く　見る　☑️ ⬜⬜⬜⬜　　　聞く　見ない　☑️ ⬜⬜⬜⬜

2. 音読×5（テキスト見る）

音読　見る　☑️ ⬜⬜⬜⬜

3. 日本語訳を見て中国語フレーズを声に出して言う（目標：3文を12秒）

チェック欄				
1回目 _____秒	2回目 _____秒	3回目 _____秒	4回目 _____秒	
5回目 _____秒			_____ 回目で12秒以内、達成！	

Step3　アウトプット

1. 暗唱（目標：5回）

暗唱　見ない　☑️ ⬜⬜⬜⬜　_____ 回目で達成！

2. 100％正確に書けるようになるまで、【今日の3文】を紙に書く

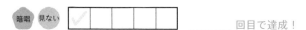

書く　見ない　☑️ ⬜⬜⬜⬜　_____ 回目で達成！

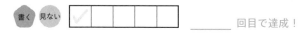

3. 🚩 **GOAL!**　単語を入れ替えて【私の3文】を作成

🐸 【私の3文】はP.205に書きましょう！ ➡️

中国語 DL 85

① **我带您去吧。**
Wǒ dài nín qù ba.

② **对面的那个楼就是。**
Duìmiàn de nèige lóu jiùshì.

③ **祝您旅途愉快！**
Zhù nín lǚtú yúkuài!

①お連れしましょう。②向かい側のあの建物がそうです。③よいご旅行を！

1. モデル音声を聞く×5

聞く 見ない ☑☐☐☐☐

2. 意味を確認する

3. 100％聞き取れるようになるまで、モデル音声を聞く

聞く 見ない ☑☐☐☐☐ ＿＿＿＿＿ 回目で達成！

こんな表現も使ってみよう

到了 dào le 着きました
右边 yòubian 右側
左边 zuǒbian 左側

MEMO

Step2 インテイク

1. シャドーイング（テキスト見る×5、テキスト見ない×5）

聞く　見る ✓ ☐ ☐ ☐ ☐ 　　　聞く　見ない ✓ ☐ ☐ ☐ ☐

2. 音読×5（テキスト見る）

音読　見る ✓ ☐ ☐ ☐ ☐

3. 日本語訳を見て中国語フレーズを声に出して言う（目標：3文を12秒）

チェック欄

1回目 ＿＿＿＿＿ 秒　　2回目 ＿＿＿＿＿ 秒　　3回目 ＿＿＿＿＿ 秒　　4回目 ＿＿＿＿＿ 秒

5回目 ＿＿＿＿＿ 秒　　　　　　　　　　　　　　　　＿＿＿＿＿ 回目で12秒以内、達成！

Step3 アウトプット

1. 暗唱（目標：5回）

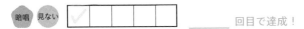

暗唱　見ない ✓ ☐ ☐ ☐ ☐ 　＿＿＿＿＿ 回目で達成！

2. 100％正確に書けるようになるまで、【今日の3文】を紙に書く

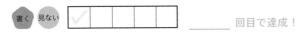

書く　見ない ✓ ☐ ☐ ☐ ☐ 　＿＿＿＿＿ 回目で達成！

3. GOAL! 　単語を入れ替えて【私の3文】を作成

😊 【私の3文】はP.205に書きましょう！ ➡

Day 83

コミュニケーション 復習③

行った日：　　　月　　　日

学習時間：　　　　　分

✳ 日本語を見ながら、中国語で言ってみよう！

Day78〜82で覚えた15文を、日本語を見ながら、中国語で60秒以内に言えるようになるまで、声に出して言ってみましょう。

今日の15文

① 今、ビデオ通話できますか？

② 音がよく聞こえません。

③ 共有画面が見られません。

④ 今日はネットが不安定です。

⑤ パソコンを再起動します。

⑥ 録画してもいいですか？

⑦ 最近どう？

⑧ 彼氏と別れたんだ。

⑨ 悲しまないで、気晴らしにつきあうよ。

⑩ 何かお困りですか？

⑪ ゆっくり話してもらえますか？

⑫ ここに書いてください。

⑬ お連れしましょう。

⑭ 向かい側のあの建物がそうです。

⑮ よいご旅行を！

202

全部言えましたか？　中国語でどう言ったらいいか分からなくなったときは、下記を参考にしてみてください。また、発音を確認したいときは、音声を聞いてみましょう。

① 现在你方便视频吗？
Xiànzài nǐ fāngbiàn shìpín ma?

② 听不清。
Tīngbuqīng.

③ 看不见共享屏幕。
Kànbujiàn gòngxiǎng píngmù.

④ 今天网络不稳定。
Jīntiān wǎngluò bù wěndìng.

⑤ 重新启动电脑。
Chóngxīn qǐdòng diànnǎo.

⑥ 可以录制视频吗？
Kěyǐ lùzhì shìpín ma?

⑦ 你最近怎么样？
Nǐ zuìjìn zěnmeyàng?

⑧ 我和男朋友分手了。
Wǒ hé nánpéngyou fēnshǒu le.

⑨ 别伤心，我陪你去散散心吧。
Bié shāngxīn, wǒ péi nǐ qù sànsan xīn ba.

⑩ 需要帮忙吗？
Xūyào bāngmáng ma?

⑪ 慢点儿说，好吗？
Màn diǎnr shuō, hǎo ma?

⑫ 请在这里写一下。
Qǐng zài zhèli xiě yíxià.

⑬ 我带您去吧。
Wǒ dài nín qù ba.

⑭ 对面的那个楼就是。
Duìmiàn de nèige lóu jiùshì.

⑮ 祝您旅途愉快！
Zhù nín lǚtú yúkuài!

チェック欄

1回目 _____秒	2回目 _____秒	3回目 _____秒	4回目 _____秒

5回目 _____秒　　　　　　　　　　　_____ 回目で60秒以内、達成！

✳ 日本語を聞いて、すぐ中国語で言ってみよう！

日本語 DL 87

Day78〜82で覚えた15文を、<u>日本語を聞いてすぐ中国語で言えるようになるまで</u>、声に出して言ってみましょう。

どうしても中国語が出てこない場合は、下記を参考にしてみてください。

今日の15文

① 现在你方便视频吗？

② 听不清。

③ 看不见共享屏幕。

④ 今天网络不稳定。

⑤ 重新启动电脑。

⑥ 可以录制视频吗？

⑦ 你最近怎么样？

⑧ 我和男朋友分手了。

⑨ 别伤心，我陪你去散散心吧。

⑩ 需要帮忙吗？

⑪ 慢点儿说，好吗？

⑫ 请在这里写一下。

⑬ 我带您去吧。

⑭ 对面的那个楼就是。

⑮ 祝您旅途愉快！

1週間お疲れさまでした！　明日からも一緒に頑張りましょう!!

チェック欄

○=すらすら言えた、△=時々つかえた、×=なかなか出てこなかった

1回目 ＿＿＿＿＿　2回目 ＿＿＿＿＿　3回目 ＿＿＿＿＿　4回目 ＿＿＿＿＿

5回目 ＿＿＿＿＿　　　　　　　　＿＿＿＿＿回目ですらすら言えるようになった！

私の3文 ⑫

Day78〜82の【私の3文】は、
このページに書きましょう。

① _____

② _____

③ _____

④ _____

⑤ _____

⑥ _____

⑦ _____

⑧ _____

⑨ _____

⑩ _____

⑪ _____

⑫ _____

⑬ _____

⑭ _____

⑮ _____

夏季老师の部屋⑥

中国語学習に活用したい4つのツール

　辞書も引けて、録音もできて、音源を聞ける魔法の機械、それが「スマホ」。カセットテープをキュルキュル言わせていた時代（！）が嘘のようです。散歩中や家事をしているときに気軽に音声が聞けるスマホは、中国語学習のハードルをガツンと下げてくれました。

　もっとスマホを使いこなして中国語を学びたい人のために、学習に使えるアプリやサイトといったツールをご紹介します。

おすすめツール 1 「speater」

「えっ？　今のところもう一回聞きたい！」と思っても細かい操作が難しく、思った以上に巻き戻しちゃった……。そんなストレスをなくしてくれるアプリが「speater」！　私のYouTubeチャンネルで詳しく紹介しています。

https://youtu.be/OQ_lzgauGc4

おすすめツール 2 「中国語音節表」

中国語テキストの一番後ろにたいていドーン！と載っている「ピンインの全組み合わせ表」が見られる上に、タップすると何と発音が聞ける！　発音に悩んでいる人はこの表を縦横に読んでみると、自分の苦手な音があぶ

り出されるのでおすすめです。

http://www.chlang.org/yinjie/type01_m.php

おすすめツール ☆3 「辞書by物書堂」

数ある辞書アプリの中でも、使いやすいのがこちら。発音をしてくれるの
はもちろん、複数の辞書を串刺し検索できます。また、iPadをお持ちであ
れば、画面分割にも対応しているため、文書を読みながら、コピー＆ペー
ストで手軽に辞書が引けます。

おすすめツール ☆4 「中国語勉強中！」

私が管理人を務めているLINEのオープンチャットです。中国語学習者が集
い、質問したり、音読を投稿したり、あるいは有志の方が出題してくれる
書き取り課題にチャレンジしたりしています。中国語ネイティブもいます
が、多くは中国語学習者です。学習者同士のコミュニケーション、情報交
換にもご活用ください。

MEMO

第7章
総仕上げ
Day85〜Day90

Day 85
総仕上げ①

①〜⑤の音声を聞いて、中国語で答えてみましょう。どうしても中国語で答えられない場合は、P.216の「スクリプトと応答例」を見ながら、口に出していってみてください。

中国語 DL 88

---

① （音声）起床后，你做什么？（起きてから何をしますか？）
Qǐchuáng hòu, nǐ zuò shénme?

（応答）＿＿＿＿＿＿＿＿＿＿＿＿＿＿＿＿＿＿＿＿＿＿＿＿＿

② （音声）早饭你吃什么？（朝食は何を食べますか？）
Zǎofàn nǐ chī shénme?

（応答）＿＿＿＿＿＿＿＿＿＿＿＿＿＿＿＿＿＿＿＿＿＿＿＿＿

③ （音声）你和朋友一起做什么？（友達と一緒に何をしますか？）
Nǐ hé péngyou yìqǐ zuò shénme?

（応答）＿＿＿＿＿＿＿＿＿＿＿＿＿＿＿＿＿＿＿＿＿＿＿＿＿

④ （音声）回家后，你做什么？（家に帰ってから、何をしますか？）
Huí jiā hòu, nǐ zuò shénme?

（応答）＿＿＿＿＿＿＿＿＿＿＿＿＿＿＿＿＿＿＿＿＿＿＿＿＿

⑤ （音声）睡觉前，你做什么？（寝る前に何をしますか？）
Shuì jiào qián, nǐ zuò shénme?

（応答）＿＿＿＿＿＿＿＿＿＿＿＿＿＿＿＿＿＿＿＿＿＿＿＿＿

Day 86
総仕上げ②

①～⑤の音声を聞いて、中国語で答えてみましょう。どうしても中国語で答えられない場合は、P.216の「スクリプトと応答例」を見ながら、口に出していってみてください。

中国語 DL 89

① （音声）你工作忙吗？ （仕事は忙しいですか？）
　　　　　Nǐ gōngzuò máng ma?

　　（応答） _____

② （音声）你和谁吃午饭？ （誰とランチしますか？）
　　　　　Nǐ hé shéi chī wǔfàn?

　　（応答） _____

③ （音声）几点下班？ （何時に退勤しますか？）
　　　　　Jǐ diǎn xiàbān?

　　（応答） _____

④ （音声）你去哪里出差？ （どこに出張しますか？）
　　　　　Nǐ qù nǎlǐ chūchāi?

　　（応答） _____

⑤ （音声）您贵姓？ （お名前は？ ［丁寧な聞き方］）
　　　　　Nín guìxìng?

　　（応答） _____

Day 87
総仕上げ③

①～⑤の音声を聞いて、中国語で答えてみましょう。どうしても中国語で答えられない場合は、P.217の「スクリプトと応答例」を見ながら、口に出していってみてください。

中国語 DL 90

① （音声）你的爱好是什么？（趣味は何ですか？）
　　　　Nǐ de àihào shì shénme?

　（応答）＿＿＿＿＿＿＿＿＿＿＿＿＿＿＿＿＿＿＿＿＿＿＿＿＿

② （音声）你是谁的粉丝？（誰のファンですか？）
　　　　Nǐ shì shéi de fěnsī?

　（応答）＿＿＿＿＿＿＿＿＿＿＿＿＿＿＿＿＿＿＿＿＿＿＿＿＿

③ （音声）休息的时候，你想去哪里？（休みのときは、どこに行きたいですか？）
　　　　Xiūxi de shíhou, nǐ xiǎng qù nǎlǐ?

　（応答）＿＿＿＿＿＿＿＿＿＿＿＿＿＿＿＿＿＿＿＿＿＿＿＿＿

④ （音声）你在家里做什么？（家で何をしますか？）
　　　　Nǐ zài jiāli zuò shénme?

　（応答）＿＿＿＿＿＿＿＿＿＿＿＿＿＿＿＿＿＿＿＿＿＿＿＿＿

⑤ （音声）你喜欢看什么电影？（どんな映画が好きですか？）
　　　　Nǐ xǐhuan kàn shénme diànyǐng?

　（応答）＿＿＿＿＿＿＿＿＿＿＿＿＿＿＿＿＿＿＿＿＿＿＿＿＿

Day 88

総仕上げ④

①〜⑤の音声を聞いて、中国語で答えてみましょう。どうしても中国語で答えられない場合は、P.217の「スクリプトと応答例」を見ながら、口に出していってみてください。

中国語 DL 91

---

① (音声) 你在南京东路想吃什么？ （南京東路で何を食べたいですか？）
Nǐ zài Nánjīng dōnglù xiǎng chī shénme?

(応答) _____

② (音声) 欢迎光临！您要什么？ （いらっしゃいませ！ 何にされますか？）
Huānyíng guānglín! Nín yào shénme?

(応答) _____

③ (音声) 您在这里喝还是带走？ （店内ですか？ テイクアウトですか？）
Nín zài zhèli hē háishi dàizǒu?

(応答) _____

④ (音声) 要不要放香菜？ （パクチーを入れますか？）
Yàobuyào fàng xiāngcài?

(応答) _____

⑤ (音声) 这是您的麻婆豆腐。 （麻婆豆腐でございます。）
Zhè shì nín de mápó dòufu.

(応答) _____

Day 89

総仕上げ⑤

①～⑤の音声を聞いて、中国語で答えてみましょう。どうしても中国語で答えられない場合は、P.218の「スクリプトと応答例」を見ながら、口に出していってみてください。

中国語 DL 92

① (音声) 您要试一下吗？ （ご試着されますか？）
　　　　 Nín yào shì yíxià ma?

　　(応答) ＿＿＿＿＿＿＿＿＿＿＿＿＿＿＿＿＿＿＿＿＿＿＿＿＿＿

② (音声) 您要买什么颜色的T恤？ （何色のTシャツがよろしいですか？）
　　　　　 Nín yào mǎi shénme yánsè de T xù?

　　(応答) ＿＿＿＿＿＿＿＿＿＿＿＿＿＿＿＿＿＿＿＿＿＿＿＿＿＿

③ (音声) 不好意思，不能用现金。 （申し訳ありません、現金は使えません。）
　　　　 Bùhǎo yìsi, bùnéng yòng xiànjīn.

　　(応答) ＿＿＿＿＿＿＿＿＿＿＿＿＿＿＿＿＿＿＿＿＿＿＿＿＿＿

④ (音声) 这是限定随行杯。 （こちらは限定のタンブラーです。）
　　　　 Zhè shì xiàndìng suíxíngbēi.

　　(応答) ＿＿＿＿＿＿＿＿＿＿＿＿＿＿＿＿＿＿＿＿＿＿＿＿＿＿

⑤ (音声) 一共六百块。 （全部で600元です。）
　　　　 Yígòng liùbǎi kuài.

　　(応答) ＿＿＿＿＿＿＿＿＿＿＿＿＿＿＿＿＿＿＿＿＿＿＿＿＿＿

Day 90
総仕上げ⑥

行った日： 月 日
学習時間： 分

①～⑤の音声を聞いて、中国語で答えてみましょう。どうしても中国語で答えられない場合は、P.218の「スクリプトと応答例」を見ながら、口に出していってみてください。

中国語 DL 93

① （音声）考试考得怎么样？（テスト、どうだった？）
　　　　　Kǎoshì kǎode zěnmeyàng?

　　（応答）＿＿＿＿＿＿＿＿＿＿＿＿＿＿＿＿＿＿＿＿＿＿＿＿

② （音声）中文难不难？（中国語は難しいですか？）
　　　　　Zhōngwén nánbunán?

　　（応答）＿＿＿＿＿＿＿＿＿＿＿＿＿＿＿＿＿＿＿＿＿＿＿＿

③ （音声）请问，到新宿站怎么走？（すみません、新宿駅はどうやって行きますか？）
　　　　　Qǐng wèn, dào Xīnsùzhàn zěnme zǒu?

　　（応答）＿＿＿＿＿＿＿＿＿＿＿＿＿＿＿＿＿＿＿＿＿＿＿＿

④ （音声）我和女朋友分手了。（彼女と別れたんだ。）
　　　　　Wǒ hé nǚpéngyou fēnshǒu le.

　　（応答）＿＿＿＿＿＿＿＿＿＿＿＿＿＿＿＿＿＿＿＿＿＿＿＿

⑤ （音声）听不清吗？（音がよく聞こえませんか？）
　　　　　Tīngbuqīng ma?

　　（応答）＿＿＿＿＿＿＿＿＿＿＿＿＿＿＿＿＿＿＿＿＿＿＿＿

215

Day 85 総仕上げ①

中国語 DL94

① （音　声）起床后，你做什么？ Qǐchuáng hòu, nǐ zuò shénme? 起きてから何をしますか？
（応答例）我打开窗户，看天气预报。 Wǒ dǎkāi chuānghu, kàn tiānqì yùbào.
窓を開けて、天気予報を見ます。

② （音　声）早饭你吃什么？ Zǎofàn nǐ chī shénme? 朝食は何を食べますか？
（応答例）我吃面包。 Wǒ chī miànbāo. パンを食べます。

③ （音　声）你和朋友一起做什么？ Nǐ hé péngyou yìqǐ zuò shénme?
友達と一緒に何をしますか？
（応答例）我们一起聊天，喝酒。很开心！ Wǒmen yìqǐ liáotiān, hē jiǔ. hěn kāixīn!
一緒におしゃべりして、お酒を飲みます。楽しい！

④ （音　声）回家后，你做什么？ Huí jiā hòu, nǐ zuò shénme? 家に帰ってから、何をしますか？
（応答例）我学习中文。 Wǒ xuéxí zhōngwén. 中国語を勉強します。

⑤ （音　声）睡觉前，你做什么？ Shuì jiào qián, nǐ zuò shénme? 寝る前に何をしますか？
（応答例）我洗澡，在朋友圈发照片。 Wǒ xǐ zǎo, zài péngyouquān fā zhàopiàn.
お風呂に入って、モーメンツに写真をアップします。

Day 86 総仕上げ②

中国語 DL95

① （音　声）你工作忙吗？ Nǐ gōngzuò máng ma? 仕事は忙しいですか？
（応答例）很忙。 Hěn máng. 忙しいです。

② （音　声）你和谁吃午饭？ Nǐ hé shéi chī wǔfàn? 誰とランチしますか？
（応答例）我和同事吃午饭。 Wǒ hé tóngshì chī wǔfàn. 同僚とランチします。

③ （音　声）几点下班？ Jǐ diǎn xiàbān? 何時に退勤しますか？
（応答例）五点下班。 Wǔ diǎn xiàbān. ５時に退勤します。

④ （音　声）你去哪里出差？ Nǐ qù nǎlǐ chūchāi? どこに出張しますか？
（応答例）我去上海出差。 Wǒ qù Shànghǎi chūchāi. 上海に出張します。

⑤ （音　声）您贵姓？ Nín guìxìng? お名前は？（丁寧な聞き方）
（応答例）我姓山田。 Wǒ xìng Shāntián. 山田と申します。

Day 87 総仕上げ③

① （音　声）你的爱好是什么？ Nǐ de àihào shì shénme？　趣味は何ですか？
　　（応答例）去健身房运动。 Qù jiànshēnfáng yùndòng.　ジムに行って運動することです。

② （音　声）你是谁的粉丝？ Nǐ shì shéi de fěnsī？　誰のファンですか？
　　（応答例）我是王一博的粉丝。 Wǒ shì Wáng Yībó de fěnsī.　王一博のファンです。

③ （音　声）休息的时候，你想去哪里？ Xiūxi de shíhou, nǐ xiǎng qù nǎlǐ?
　　　　　　休みのときは、どこへ行きたいですか？
　　（応答例）我想去主题公园。 Wǒ xiǎng qù zhǔtí gōngyuán.
　　　　　　テーマパークへ行きたいです。

④ （音　声）你在家里做什么？ Nǐ zài jiāli zuò shénme？　家で何をしますか？
　　（応答例）看漫画，做甜点。 Kàn mànhuà, zuò tiándiǎn.
　　　　　　マンガを読んだり、お菓子作りをしたりします。

⑤ （音　声）你喜欢看什么电影？ Nǐ xǐhuan kàn shénme diànyǐng？　どんな映画が好きですか？
　　（応答例）我喜欢看动画片。 Wǒ xǐhuan kàn dònghuàpiàn.　アニメ映画が好きです。

Day 88 総仕上げ④

① （音　声）你在南京东路想吃什么？ Nǐ zài Nánjīng dōnglù xiǎng chī shénme？
　　　　　　南京東路で何を食べたいですか？
　　（応答例）我想吃蛋挞。 Wǒ xiǎng chī dàntà.　エッグタルトが食べたいです。

② （音　声）欢迎光临！您要什么？ Huānyíng guānglín! Nín yào shénme？
　　　　　　いらっしゃいませ！　何にされますか？
　　（応答例）我要一杯冰拿铁。 Wǒ yào yìbēi bīngnátiě.　アイスカフェラテください。

③ （音　声）您在这里喝还是带走？ Nín zài zhèli hē háishi dàizǒu?
　　　　　　店内ですか？　テイクアウトですか？
　　（応答例）我在这里喝。 Wǒ zài zhèli hē.　店内で飲みます。

④ （音　声）要不要放香菜？ Yàobuyào fàng xiāngcài？　パクチーを入れますか？
　　（応答例）不要放香菜。 Búyào fàng xiāngcài.　パクチーは入れないでください。

⑤ （音　声）这是您的麻婆豆腐。 Zhè shì nín de mápó dòufu.　麻婆豆腐でございます。
　　（応答例）我没点这个菜。 Wǒ méi diǎn zhèige cài.　これ、頼んでいません。

Day 89 総仕上げ⑤

中国語 DL98

① （音　声）您要试一下吗？ Nín yào shì yíxià ma? ご試着されますか？
　（応答例）我要试一下。有小号吗？ Wǒ yào shì yíxià. Yǒu xiǎohào ma?
　　　　　　試してみたいです。小さいサイズはありますか？

② （音　声）您要买什么颜色的T恤？ Nín yào mǎi shénme yánsè de T xù?
　　　　　　何色のTシャツがよろしいですか？
　（応答例）蓝色的，有吗？ Lánsè de, yǒu ma? 青いのはありますか？

③ （音　声）不好意思，不能用现金。Bùhǎo yìsi, bùnéng yòng xiànjīn.
　　　　　　申し訳ありません、現金は使えません。
　（応答例）刷卡。Shuā kǎ. カード決済にします。

④ （音　声）这是限定随行杯。Zhè shì xiàndìng suíxíngbēi. こちらは限定のタンブラーです。
　（応答例）我买这个。Wǒ mǎi zhèige. これください。

⑤ （音　声）一共六百块。Yígòng liùbǎi kuài. 全部で600元です。
　（応答例）便宜一点儿，好吗？ Piányi yìdiǎnr, hǎo ma? ちょっと安くしてもらえませんか？

Day 90 総仕上げ⑥

中国語 DL99

① （音　声）考试考得怎么样？ Kǎoshì kǎode zěnmeyàng? テスト、どうだった？
　（応答例）考得不好……。Kǎode bù hǎo……. （テストが）ダメだった……。

② （音　声）中文难不难？ Zhōngwén nánbunán? 中国語は難しいですか？
　（応答例）中文的发音非常难。Zhōngwén de fāyīn fēicháng nán.
　　　　　　中国語の発音は難しいです。

③ （音　声）请问，到新宿站怎么走？ Qǐng wèn, dào Xīnsùzhàn zěnme zǒu?
　　　　　　すみません、新宿駅はどうやって行きますか？
　（応答例）我带您去吧。Wǒ dài nín qù ba. お連れしましょう。

④ （音　声）我和女朋友分手了。Wǒ hé nǚpéngyou fēnshǒu le. 彼女と別れたんだ。
　（応答例）别伤心，我陪你去散散心吧。Bié shāngxīn, wǒ péi nǐ qù sànsan xīn ba.
　　　　　　悲しまないで、気晴らしにつきあうよ。

⑤ （音　声）听不清吗？ Tīngbuqīng ma? 音がよく聞こえませんか？
　（応答例）今天网络不稳定。Jīntiān wǎngluò bù wěndìng.
　　　　　　今日はネットが不安定です。

日本語訳　索引

原田夏季（はらだ・なつき）

日本・東京生まれ。高校から中国語を学び、大連へ留学。
中国語講師として、企業・学校で入門・初級の授業を数多く担当。舞台通訳・ゲーム
翻訳なども手掛ける。
SNSでは「夏季老师」の名前で知られ、YouTubeで入門者向けのレッスン動画を配信。
また、Twitterでは中国語学習のヒントや文法まとめメモを更新中！
YouTube：https://www.youtube.com/c/xiajilaoshi
Twitter：@Natsuki_CHTH　Instagram：natsukilaoshi

超初級から話せる　中国語声出しレッスン

発行日	2021年11月10日（初版）
メソッド考案	キム・スノク
著　者	原田夏季
編　集	株式会社アルク　出版編集部
中国語校正	顧蘭亭

AD・デザイン	早坂美香（shuriken graphic）
イラスト	うやまつむぎ
ナレーション	劉セイラ
録音・編集	株式会社メディアスタイリスト
DTP	新井田晃彦（有限会社共同制作社）、洪永愛（Studio H2）
印刷・製本	日経印刷株式会社

発行者	天野智之
発行所	株式会社アルク
	〒102-0073　東京都千代田区九段北4-2-6　市ヶ谷ビル
	Website：https://www.alc.co.jp/

地球人ネットワークを創る

アルクのシンボル
「地球人マーク」です。